年度课题专著5－1

保险资金大类资产配置：

风险平价模型应用研究

中国保险资产管理业协会
中国平安人寿保险股份有限公司　编著

中国财经出版传媒集团
中国财政经济出版社

图书在版编目（CIP）数据

保险资金大类资产配置：风险平价模型应用研究 / 中国保险资产管理业协会，中国平安人寿保险股份有限公司编著. —北京：中国财政经济出版社，2018.10
ISBN 978-7-5095-8493-4

Ⅰ. ①保… Ⅱ. ①中… ②中… Ⅲ. ①保险资金-资金管理-研究-中国
Ⅳ. ①F842.4

中国版本图书馆 CIP 数据核字（2018）第 205298 号

责任编辑：郁东敏　　责任校对：徐艳丽
封面设计：李运平

中国财政经济出版社 出版

URL：http：//www.cfeph.cn
E-mail：cfeph@cfeph.cn

社址：北京市海淀区阜成路甲 28 号　邮政编码：100142
营销中心电话：010-88191537　北京财经书店电话：64033436　84041336
中煤（北京）印务有限公司印刷　各地新华书店经销
787×1092 毫米　16 开　10.5 印张　166 000 字
2018 年 10 月第 1 版　2018 年 10 月北京第 1 次印刷
定价：88.00 元
ISBN 978-7-5095-8493-4
（图书出现印装问题，本社负责调换）
本社质量投诉电话：010-88190744
打击盗版举报热线：010-88191661　QQ：2242791300

编委会

序一

党的十九大以来，我国金融形势总体向好，宏观杠杆率趋于稳定，市场预期明显变化，金融机构合规意识增强，对外开放持续扩大，金融风险由发散状态向收敛状态转变。

保险业作为现代金融体系重要组成部分，专于市场化的风险管理、社会保障、灾害救助，保险资产管理业精于长期、多元、稳健投资管理，在助力经济社会发展、维护金融稳健运行等方面发挥了积极作用。当前，保险业保持平稳增长，业务结构持续优化，保险保障功能持续提升；保险资产管理业实现了资产配置更加多元，投资收益稳步增长，投资运作更加稳健审慎，风险管理能力显著增强，服务实体经济力度持续增加。

与此同时，我国经济正由高速增长阶段转向高质量发展阶段，经济尚处于新旧动能转换时期，长期积累的金融风险进入易发多发期，外部不确定因素有所增多，需要积极稳妥和更加精准地加以应对。保险资产管理业如何更好地应对挑战，继续做好防范化解金融风险各项工作，增强实体经济服务质效，深化保险业改革开放，需要全行业以更加务实严谨的态度，踏实做好保险资产管理领域的理论研究和实务钻研，与时俱进地跟踪、探索前沿研究成果，用战略眼光助力行业持续稳健发展。

中国保险资产管理业协会始终致力于发挥监管与市场之间的桥梁纽带和平台作用，推动行业研究力量壮大、研究工作发展。“IAMAC 年度课题系列成果专著”是在协会“2017IAMAC 年度课题”成果的基础上，精选业界广泛参与、监管重点关注的五大主题，基于现有课题成果，梳理整合，凝结形成的五本专著，分别是：《保险资金大类资产配置：风险平价模型应用研究》《责任投资与普惠金融：保险业参与模式研究》《保险资金参与 PPP 项目：风险管理与退出机制》《养老金管理与养老产业投资：保险参与模式研究》《保险资金服务实体经济：国际经验与路径选择》。

“IAMAC 年度课题系列成果专著”的公开出版发行，既充分展现了保险资产管理业对重大经济金融问题、业务发展创新的思考与探讨，也是行业智慧和研究成果的又一集中体现。期待本套专著能为当前形势下我国保险资产管理的转型发展提供理论参考和现实借鉴。希望保险行业能够继续深入研究，形成更为丰富的研究成果，为我国保险资产管理行业发展贡献力量。

中国保险资产管理业协会
执行副会长兼秘书长 曹德云

2018 年 8 月

序二

中国保险业经历了两次黄金发展期。第一个黄金十年，是20世纪90年代的十年，保险代理人营销体系的引入，驱动保险业高速增长；第二个黄金十年，是2001~2010年的10年，中国入世、银保等新销售渠道的开拓成为行业发展的巨大推动力。当前，中国人均GDP即将突破10 000美元。世界银行有研究表明，人均GDP在5 000~15 000美元时，人身险深度会加速攀升，人均收入每上升10%，寿险保费会上升19%。这意味着中国正在迎来居民保险意识和保险需求迸发的转折点，我们正处在保险业的第三个黄金发展阶段，而且在人口结构、经济发展、消费升级、医疗支出、政策利好等因素共同作用下，这个崭新的阶段不是十年，而是黄金二十年！我们要充分把握这个历史机遇期，顺应我国经济从高速增长阶段转向高质量发展阶段的基本特征，回归初心，稳健发展，为成就“保险强国”梦想、为中国百姓福祉而不懈奋斗。

“合抱之木，生于毫末；九层之台，起于累土。”建设“保险强国”需要保险企业负债端、资产端共同转型升级、开拓创新，需要夯实资产负债匹配这个行业稳健发展的基石。繁荣发达的保险业需要保险资产管理强有力的支撑，保险资产管理又有赖于专业、审慎、创新的科学理论和方法的保障。而站在“黄金二十年”的新起点，充分借鉴国内外保险资管的先进经验，积极探索适合我国保险资金运用的科学模式，就显得愈发迫切和重要。

在过去几十年的探索历程中，保险资产管理经历了单一运用和无序投资的初级阶段，有成功经验，也有失败教训。近年来，监管机构以风险管理为导向，借鉴国内外先进经验，颁布了资金运用、偿付能力、风险管理等一系列监管政策，逐步形成了保险资金运用审慎监管体系。在监管框架的指导下，保险公司在投资理论、方法和操作流程等方面不断提升和完善管理水平，逐步走向科学稳健的专业化经营，这是向高质量发展的必经之路。

中国保险资产管理业协会每年举办的“IAMAC年度课题”研究活动为保险

投资的理论研究、经验分享和问题探讨提供了一个高质量平台，本书探讨的风险平价模型是 2017 年研究课题之一。风险平价区别于传统资产配置理论，更加注重资产组合中每一类资产的风险特征，并通过对不同风险贡献的均衡配置达到投资分散的效果。风险平价模型已在海外投资管理中得到了广泛应用及认可，但是否适用于保险资金、是否适用于中国市场、是否能够提升保险资金运用效率，这些都值得行业专家和学者深入研究探讨。

本书集合了同济大学、泰康资产、生命资产、平安养老和平安人寿五家机构的研究成果，从理论基础、建模方法、实战应用及完善创新等多个方面，讨论了风险平价模型在中国保险资产配置中的运用，提出了一系列切实可行的建议和大胆创新的观点，为保险资产配置实践提供参考和借鉴。

保险行业管理水平的提升需要全行业的努力，只有加强理论研究和市场实践，百家争鸣，百花齐放，在研究与交流中探索适合中国市场的保险资金管理方法，才能推动中国保险行业不断进步与创新，推动保险行业健康蓬勃的发展。

中国平安人寿保险股份有限公司　董事长兼 CEO

2018 年 8 月

目录

绪　论

中国保险资金配置正经历着由稚嫩走向成熟的进程。越来越多的保险公司意识到资产配置的重要性和复杂性，在学习海外先进经验的同时，也在摸索适合中国市场和公司自身情况的配置方法与理论。在这个过程中面临着一些核心问题。

集中投资还是分散投资？

集中投资和分散投资是资产配置上两种截然不同的理念，但两种理念在实践中均有成功的运用。著名的桥水基金创始人 Ray Dalio 于 20 世纪 90 年代了提出了 All Weather 全天候配置策略，其核心理念是未来资产价格很难做到精准预测，通过风险平价模型实现更为有效的分散化投资，从而达成长期稳定的投资收益。众所周知的股神巴菲特则是集中投资的倡导者，他认为自下而上的基本面研究是获取投资回报的核心，通过专业且深入的研究，选择最有投资价值的公司进行集中投资是最为有效的投资方式。巴菲特拥有的伯克希尔·哈撒韦公司 2016 年末权益投资规模高达 2 000 亿美元，其中 90% 以上集中于前二十大持股，体现了其集中投资的理念。

以上两种投资理念虽看似不同，但实质并不矛盾。两种理念其实是基于两个不同的前提条件，即对未来资产判断的置信度。当投资者对资产价格的涨跌有确定把握，那么集中投资无疑是不二选择；但如果投资者对未来资产走势无清晰判断，则分散投资可能更为明智。对于保险公司而言，选择哪一种理念或方法并没有标准答案，需要基于自身的投研能力和投资偏好决定，并非一定要二者选一，完全可以因时因势而变，不拘泥于固定的形式与框架。

本书将着重探讨基于风险分散理念的风险平价模型在保险资金中的运用。在本书的最后将对风险平价模型的效果进行总结和讨论。

定量模型优于定性分析？

大类资产配置的定量模型基于客观数据和既定算法规则，体现的是有纪律的投资。纪律性对于保险资金长期配置规划至关重要，可以帮助投资者避免受短期市场波动或情绪的干扰，坚持自身的投资理念，遵循市场长期的客观规律，从而获取更加稳健的收益回报。因此，进行大类资产配置需要反映投资理念和方法的量化模型作为基础工具，为投资配置决策提供客观的量化参考。然而，量化模型也有缺点，比如依赖对参数的假设，忽略了模型之外的影响因素等。因此，适当加入定性分析与判断，可以一定程度上弥补量化模型的不足，提升配置模型的灵活性和可操作性。本书将分析以风险平价为主的大类资产配置量化模型，在后文的模型拓展及完善环节将讨论如何将定性分析与定量模型相结合。

如何实现多目标投资？

在保险资金的投资配置实践中最棘手的问题之一就是多目标管理。投资配置方案往往需要满足财务需求的同时又要满足资本需求，此外还需兼顾同业比较等。从量化配置模型的角度来说，很难实现多目标优化。保险公司需要对量化模型本身或者使用模型的流程进行完善和优化，尽可能将其他目标纳入配置框架。在实践中，需要区分主要目标和次要目标。主要目标作为量化配置模型的优化目标，而次要目标可以通过增加约束条件的方式体现；或者采用递进迭代的配置方式进行配置规划，先确定满足主要目标的配置方案集合，然后再优化次要目标。本书将讨论在使用风险平价模型达到资产配置风险分散化时，如何兼顾其他配置目标。

资产配置是一门科学，也是一种艺术。它没有统一的标准和答案，需要不同的机构，结合自身的情况寻找最适合自己的资产配置模型、方法与流程。风险平价模型为了适应不同的市场环境和投资目标，可以有不同的变化与衍生，但万变不离其宗，追求资产的保值与增值始终是投资管理人不懈奋斗的目标。

第 1 章

我国保险资金运用概况

1.1 保险资金配置现状

1.1.1 保险资金规模

中国保险业蓬勃发展 30 年，保险资金运用规模也随之迅速增长。表 1－1 展示了 2005～2017 年保险资金运用的余额，近年来维持在 20% 左右的涨幅。2016 年，为了防范保险资产负债错配风险，原中国保监会颁布了《中国保监会关于规范中短存续期人身保险产品有关事项的通知》，限制中短期产品的发行与销售，对保险资金增速产生一定影响。但整体看，截至 2017 年末行业资金运用余额达 14.92 万亿元，较年初增长 11%，仍维持较高增长。

表 1－1　2005～2017 年保险资金运用余额

年份	保险资金运用余额（万亿元）	增幅（%）
2005 年	1.40	
2006 年	1.78	27
2007 年	2.67	50
2008 年	3.06	15
2009 年	3.74	22
2010 年	4.60	23
2011 年	5.54	20
2012 年	6.85	24
2013 年	7.69	12.1
2014 年	9.33	21.4
2015 年	11.18	19.8
2016 年	13.39	19.8
2017 年	14.92	11.4

资料来源：中国银保监会官方网站。

近年来，保险资金运用余额增速的放缓并非由于市场的饱和，而是经历 30 多年探索和发展之后，保险业逐步迈向规范化和专业化道路，从无序逐步发展到有序，从只重规模到规模质量兼顾。从中国保险密度和深度角度看，保险市场仍有很大增长空间。截至 2016 年底，我国保险市场的保险密度（人均保险费额）和保险深度（保费与 GDP 之比）仍仅为 329 美元和 4.2%，距离同期全球保险市场的 689 美元的保费密度和 6.2% 的保费深度还存在不小差距。因此，从行业发展空间来看，保险市场仍蕴含着巨大的增长潜力。

随着保险资金运用规模的快速增长，对保险资金运用质量也提出更高的要求。如何有效配置保险资金，为保险客户和股东提供保值和增值服务是保险行业面临的重要挑战。

1.1.2 保险资金配置结构

总体来看，我国保险资金资产配置呈现以固定收益资产为主、权益资产为辅的结构特征。另类资产配置近年来增长迅速。表 1-2 展示了 2010~2017 年保险资金运用的配置结构。传统债券和银行存款是保险资金配置的主力，虽然整体比例呈逐年下降趋势，但占比仍达 50% 左右。其他投资占比显著增加，主要来自于另类资产的配置，包括非标固收、不动产和长期股权投资等。在利率下行期间，另类资产的流动性溢价和风险溢价提供较传统固收资产更高的收益率，成为保险资金收益增强的重要来源。权益资产配置比例随市场波动而变化，年均配置比例约 10% 左右。权益资产具有高风险高收益的特征，在保险偿付能力监管框架下，其资本占用高，因此对配置比例形成了上限约束。

表 1-2　2010~2017 年保险资金运用配置结构　（单位：%）

年份	银行存款占比	债券占比	股票和基金占比	其他投资占比
2010 年	30.0	49.5	17.0	3.5
2011 年	32.1	47.0	12.0	9.0
2012 年	34.2	44.7	11.8	9.3
2013 年	29.5	43.4	10.2	16.9
2014 年	27.1	38.2	11.1	23.7
2015 年	21.8	34.4	15.2	28.6
2016 年	18.6	32.2	13.3	36.0
2017 年	12.9	34.6	12.3	40.2

资料来源：中国银保监会官方网站。

1.1.3 保险资金投资收益

保险投资收益的高低取决于保险资金的配置，由于保险资金大部分配置于固定收益类资产，当利率水平较高时，保险投资组合可获得较高的收益；而在低利率环境中，市场难以获得能够覆盖负债成本的固收债券，投资业绩承压。为了追求更高的投资收益，一些保险公司倾向于加大权益类资产占比，在牛市中确实能够获得高于平均的投资业绩，但当股票市场大幅波动时，也会严重拖累投资组合的表现。对于保险资金而言，追求投资收益的同时，需要充分考虑不同资产之间收益和风险的平衡。

保险资金投资的主要目标是覆盖保险责任支付需求，同时为保户和股东提供保值和增值服务。因此，保险资金的资产配置应遵循安全稳健的原则。表1-3展示2005~2017年保险资金运用平均收益率。从表中可见2013年之前保险投资收益波动率较大。2007年得益于股票牛市，行业平均收益率高达12.17%。但随着美国金融危机的爆发及股市泡沫的破裂，接下来的2008年平均收益大幅降至1.89%。2013年后保险投资收益趋于稳定，一方面得益于监管政策的进一步规范和加强；另一方面，随着保险资金投资范围的扩大，另类资产占比逐步提升，使得保险组合更为分散化，从而降低了组合收益的波动。

保险资金的利润主要有三个来源：利差、死差和费差。利差是投资收益与负债成本之间的差异，是保险公司重要的利润来源。以寿险为例，传统保险产品的定价成本在2%~4%之间，当投资收益高于负债成本时，产生利差益，对利润形成正贡献。但近年来以“分红”和“万能”产品为代表的理财型保险产品盛行，此类保险产品除了提供保险保障之外，客户还可以分享全部或部分的投资收益，深受市场欢迎，成为保险公司迅速拓展市场的“利器”。与此同时，保险负债成本随之增加。以万能产品为例，结算利率在4.5%左右，更为激进的公司甚至承诺年化6%以上的收益率，远高于同期的银行存款和理财产品。这对保险资金的投资管理提出了更高要求。如果投资收益无法达到既定的负债成本，将产生利润亏损。

表 1－3　　2005～2017 年保险资金运用平均收益率

年　份	资金运用平均收益率（%）
2005 年	3.60
2006 年	5.80
2007 年	12.17
2008 年	1.89
2009 年	6.41
2010 年	4.84
2011 年	3.49
2012 年	3.39
2013 年	5.04
2014 年	6.30
2015 年	7.56
2016 年	5.66
2017 年	5.77

资料来源：中国银保监会官方网站，课题组整理。

1.2　保险资金配置范围与约束条件

保险资产管理以资产负债匹配为核心原则，这是保险资管与其他资产管理机构的本质区别。保险产品以负债驱动型为主，保费是公司投资资产的主要来源，保费收入成为保险公司的留存金，通过合理的资产配置和投资管理保值和增值，为未来保险给付提供准备。优秀的资产管理不仅能确保公司履行其保险承诺，还能够创造超额收益为公司股东带来价值。然而，保险给付义务在时间上和金额上都具有不确定性，保险投资也面临市场风险和信用风险。因此，保险公司必须基于审慎原则进行资产管理，持有充足的安全资本以应对公司可能面临的各种经济上的不确定性，这样才能维持公司乃至整个行业健康稳定的运营。保险资金在投资配置方面有较为严格的限制和约束，包括投资品种、配置比例、资本要求和流动性约束等，通过外部监管法规和内部公司管理制度，加以明确和规范，从而确保资产管理的审慎性和稳健性。

1.2.1 保险投资品种和配置比例的约束

从保险监管角度，《保险法》将保险资金可投资的大类资产分成五个大类：流动性资产、固定收益类资产、权益类资产、不动产类资产和其他金融资产。原中国保监会在〔2014〕13 号文《中国保监会关于加强和改进保险资金运用比例监管通知》中，进一步明确五大类资产的定义。如图 1－1 所示，五大类资产下还有更加细分的资产类别。

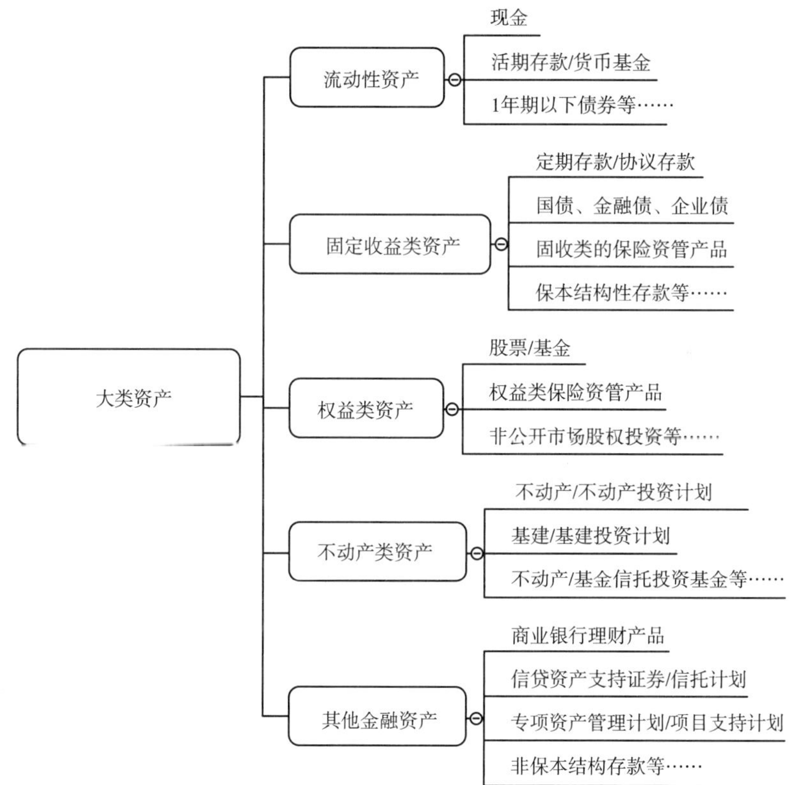

图 1－1　大类资产分类

2012 年以来，在“放开前端，管住后端”的监管导向下，保险资金投资范围进一步拓宽，逐步向多元化投资转型（见表 1－4）。

主要体现在：

表 1-4　　2012 年以后主要保险资金运用相关政策

时　间	政策名称	说　明
2012 年 10 月	《关于保险资金投资有关金融产品的通知》	允许保险资金投资理财产品、信贷资产支持证券、集合资金信托计划、专项资产管理计划、基础设施投资计划、不动产投资计划和项目资产支持计划等金融产品
2013 年 2 月	《关于债权投资计划注册有关事项的通知》	将债券计划发行由备案制改成注册制
2014 年 1 月	《关于保险资金投资创业板上市公司股票等有关问题的通知》	允许保险资金投资创业板上市公司股票
2014 年 10 月	《中国保监会关于保险资金投资优先股有关事项的通知》	允许保险资金可以直接投资优先股，并规范投资细则
2014 年 12 月	《关于保险资金投资创业投资基金有关事项的通知》	允许保险资金投资创业投资基金行为，支持创业企业和小微企业健康发展，防范投资风险
2015 年 3 月	《关于调整保险资金境外投资有关政策的通知》	开放了中国香港创业板股票等投资领域
2015 年 7 月	《关于提高保险资金投资蓝筹股票监管比例有关事项的通知》	投资权益类资产的余额占上季末总资产比例达 30% 的可进一步增持蓝筹股不高于 40%
2016 年 9 月	《关于保险资金参与沪港通试点的监管口径》	允许保险资金直接投资港股通股票，账面余额纳入权益类资产计算

资料来源：中国银保监会官方网站，课题组整理。

• 出台《基础设施债权投资计划管理暂行规定》，放开对债权投资计划等另类资产品种的投资限制，并在 2013 年将债权计划发行由备案制改为注册制，拓宽了保险资金另类产品投资渠道。

• 鼓励创新投资方式，对接实体经济。允许保险资金设立私募基金，投资国家重点支持产业。鼓励保险机构开发资产证券化产品。

• 放开权益类投资领域限制。进一步放开在创业板、蓝筹股、优先股、创投等领域的限制。

• 放开海外投资限制。允许投资中国香港创业板股票等。

除了投资品种的相关规定之外，监管对大类资产配置比例也有相应约束。原中国保监会在〔2014〕13 号文《中国保监会关于加强和改进保险资金运用比例监管通知》中，对保险资产的比例进行了重新梳理，形成了多层次比例监管框架（见表1－5）。该通知制定了不同大类资产的投资总量及集中度监管比例上限。其中，对投资权益类资产、不动产类资产及其他金融资产的比例上限分别设定为公司上季末总资产的30%、30%和25%；对境外投资的上限设定为15%；投资流动性资产、固定收益类资产无监管比例限制。

表1－5　　保险资金可投资品种及比例监管规定[①]

<table>
<tr><th rowspan="2"></th><th colspan="2">境内投资</th><th colspan="2">境外投资</th></tr>
<tr><th>境内可投资品种</th><th>监管比例</th><th>境外可投资品种</th><th>监管比例</th></tr>
<tr><td>流动性资产</td><td>现金、货基、银行活期存款、银行通知存款、货币类保险资管产品和剩余期限不超过1年的政府债券、准政府债券、逆回购协议</td><td rowspan="2"></td><td>银行活期存款、货币基金、隔夜拆出和剩余期限不超过1年的商业票据、银行票据、大额可转让存单、逆回购协议、短期政府债券、政府支持性债券、国际金融组织债券、公司债券、可转换债券</td><td rowspan="5">合计不高于本公司上季末总资产15%</td></tr>
<tr><td>固定收益类资产</td><td>银行定期存款、银行协议存款、债基、固定收益类保险资管产品、金融/非金融企业（公司）债券和剩余期限在1年以上的政府债券、准政府债券</td><td>银行定期存款、具有银行保本承诺的结构性存款、固定收益类证券投资基金和剩余期限在1年以上的政府性债券</td></tr>
<tr><td>权益类资产</td><td>上市股票（含符合条件的优先股、创业板股票、港股通股票）、股票型基金、混合型基金、权益类保险资管产品；未上市企业股权、股权投资基金（含创业投资基金）等相关金融产品</td><td>不高于上季末总资产30%[②]</td><td>上市普通股（含中国香港创业板）、优先股、全球存托凭证、美国存托凭证和权益类证券投资基金</td></tr>
<tr><td>不动产类资产</td><td>不动产、基础设施投资计划、不动产投资计划、不动产类保险资管产品及其他不动产相关金融产品等</td><td>不高于本公司上季末总资产30%</td><td>商业不动产、办公不动产和房地产信托投资基金（REITs）</td></tr>
<tr><td>其他金融资产</td><td>商业银行理财产品、银行业金融机构信贷资产支持证券、信托公司集合资金信托计划、证券公司专项资产管理计划、保险资产管理公司项目支持计划、其他保险资产管理产品</td><td>不高于本公司上季末总资产25%</td><td>不具有银行保本承诺的结构性存款</td></tr>
</table>

续表

	境内投资		境外投资	
	境内可投资品种	监管比例	境外可投资品种	监管比例
金融衍生品	股指期货（对冲目的）			
融资规模：保险机构偿付能力达到监管规定的，融资资金余额不得超过该机构上季末总资产的20%				

资料来源：中国银保监会官方网站，课题组整理。

①除监管比例外，监管部门设立风险监测比例，包括流动性监测、融资杠杆监测和类别资产监测。对于超出或不符合监测比例有关规定的，保险公司应当于该事项发生后5个工作日内向监管部门报告。

②《中国保监会关于提高保险资金投资蓝筹股票监管比例有关事项的通知》：投资权益类资产的余额占上季末总资产比例达30%的可进一步增持蓝筹股不高于40%。

1.2.2 偿付能力监管约束

2008年爆发国际金融危机后金融业的监管被提到很高的优先级，偿付能力监管作为现代保险监管的核心，成为各国监管改革的重点。中国偿付能力监管在借鉴国际经验的基础上，立足于本国国情，走中国特色的发展道路。2012年4月，中国正式启动了第二代偿付能力监管制度体系的建设工作。2013年5月，《中国第二代偿付能力监管制度体系整体框架》正式发布，标志着“偿二代”的顶层设计基本完成。2015年2月全行业启动试运行，开启了中国保险行业以风险为导向的资本管理新阶段。

“偿二代”体系由三大支柱构成：定量资本监管要求、定性风险管理要求和信息披露市场约束机制要求。其中，第一支柱定量资本监管要求对保险公司的资产配置提出了新约束条件。基于风险导向的“偿二代”规则定义了保险公司面临的各种风险，包括保险风险、市场风险和信用风险。通过统一的量化模型分别计量应对各类风险所需要的最低资本，最后合并成公司整体最低资本要求。当公司实际持有资本低于最低资本要求时，其偿付能力充足水平低于100%，意味着公司可能无法应对未来一年风险事件导致的公司财务损失。因此，对于保险公司而言，保持较高水平的偿付能力充足率是经营管理的重要目标。

“偿二代”体系对保险资产管理产生深刻影响，各类资产配置比例和规模将直接影响公司市场风险的计量（见表 1－6～表 1－8）。最低资本的计量基于在险价值（Value at Risk）的理念，以市场风险为例，资产波动率越高，最低资本要求和资本占用就越高。因此，公司在进行大类资产配置时，不仅要考虑资产的预期收益，还要考虑该资产的风险及其对资本占用的影响。

表 1－6　“偿二代”下权益类风险资产资本消耗

大类资产	子类资产	期限细分	“偿二代”资本占用比例	
			价格风险因子	与偿一代相比
A 股	主板	—	31%	上升
	中小板	—	41%	上升
	创业板	—	48%	上升
新三板	新三板	—	未明确	—
优先股	优先股	—	公开发行：6% 非公开发行：12%～45%	
可转债	可转债	—	18%	上升
证券投资基金	股票型	—	25%	上升
	债券型	—	6%	上升
	混合型	—	20%	上升
	货币型	—	1%	上升
分级基金	股票分级基金 A	—	10%	上升
	股票分级基金 B	—	45%	上升
未上市公司股权	具有重大控制和影响	—	子公司：10% 合营、联营 15%	上升
	不具有重大控制和影响	—	28%/31%	上升
基础设施股权投资计划	—	—	12%	下降
权益类金融产品	权益类信托计划		25%/31%	上升

资料来源：中国银保监会官方网站，申万宏源研究。

表1-7　“偿二代”下固定收益类风险资产资本消耗

大类资产	子类资产	期限细分	“偿二代”资本占用比例	
			违约风险因子	与偿一代相比
债券	政府债	0.5~30年	0	上升
	金融债	0.5~30年	0~20%	上升
	信用债	0.5~30年	1%~13.5%	上升
非标金融产品	信托产品	1~5年	0~22.5%	上升
	理财产品	1年以内	2.2%~20.5%	上升
	资产证券化产品	1~2年	2%~9.5%	上升

资料来源：中国银保监会官方网站，申万宏源研究。

表1-8　“偿二代”下其他资产资本消耗

大类资产	子类资产	期限细分	“偿二代”资本占用比例	
			价格风险因子	与偿一代相比
不动产以及REITs	基础设施投资计划	5~10年	12%	下降
	不动产	—	成本法8% 公允价值：12%	下降
境外权益	发达国家股票	—	30%（汇率风险3.5%）	上升
	新兴市场股票	—	45%（汇率风险3.5%）	上升
境外固收	发达国家固收	0.5~30年	7.62%（汇率风险3.5%）	上升
	新兴市场固收	0.5~30年	6.62%（汇率风险3.5%）	上升
境外不动产	不动产以及REITs	—	成本法：8.48% 公允价值：12.72% （汇率风险3.5%）	上升

资料来源：中国银保监会官方网站，申万宏源研究。

“偿二代”计算整体最低资本时并不是简单的算术加总，而是采用各类型风险相关系数矩阵法以反映不同风险间的分散效应。对于资产配置而言，通过考虑不同类型资产的市场风险最低资本要求以及不同风险间的分散效应，可以有效降低资本占用，提升公司的偿付能力充足水平。

1.2.3 资产负债管理监管约束

保险公司作为负债驱动型的特殊专业机构投资者，更需要坚持稳健审慎的原则，平衡好负债与资产的关系。2018 年 3 月原中国保监会印发了《保险资产负债管理监管规则 1—5 号》（以下简称《规则》），并在全行业展开试运行，对保险公司在资产负债管理方面提出了更全面更严格的监管要求。资产负债管理主要包含三个方面：资产负债期限匹配、资产负债收益匹配以及资产负债现金流匹配。对于保险公司来说，要达成以上三个匹配，必须提升资产配置和投资管理能力，以负债特性为根本出发点，构建投资组合，满足负债在久期、最低收益和流动性方面的要求。

从久期匹配方面，《规则》分别采用了修正久期缺口、有效久期缺口和关键久期缺口这三个量化指标，反映保险公司的久期匹配状况。久期缺口过大或过小都不是理想状态，当资产久期相较于负债过长，就造成短钱长配的情况，一旦负债出现到期或赎回，则可能产生流动性风险。相反，如果资产久期较负债过短，导致经济资本口径的利率风险。因此，保险资金投资管理中需要充分考虑负债久期约束，配置适当久期的资产来对冲负债端的利率敏感性。

成本收益匹配是保险公司最重要的管理目标之一，只有投资收益超过负债成本，才能覆盖负债给付需求，并为保户或股东创造更高的价值。因此，保险投资组合的收益目标往往是绝对收益目标，并且负债成本直接相关联。这也在一定程度上决定了保险资金的风险偏好。要长期满足绝对收益目标，保险投资必须基于稳健的投资风格，不能为了追求高收益而进行过度的风险暴露，一旦市场波动，就无法达成收益成本匹配的目标。

流动性匹配要求保险公司在投资管理中充分考虑负债给付需求，一旦保险产品到期或需要进行保险赔付时，保险资产组合必须有充足的现金或高流动性资产满足给付要求。近年来，非资本市场的另类资产配置规模不断增加，另类资产相较于公开市场的标准化资产提供更高的收益。但另类资产的流动性弱，无法随时变现。因此，需要控制另类资产投资的上限比例，防止过高的非标配置导致流动性无法满足负债给付需求。保险公司可以采用质押式回购等方式进行融资，提升流动性，但也需要防范市场资金紧张时产生的高利率成本，甚至是资金断流。

由此可见，保险资产负债管理规则对保险资产配置有着直接且深刻的影响，将资产负债管理理念灌输到保险资产管理的全流程中，促使保险公司建立合理的风险偏好和投资目标，并通过科学的配置方法构建保险投资组合。

第 2 章

资产配置理论与实践

2.1 资产配置理论的发展

2.1.1 资产配置理论的发展回顾

大类资产配置模型根据各类资产的收益或风险预期，以及资产间的联动关系，在一定风险偏好框架下，将资金在不同资产类别之间进行分配。通过科学的资产配置方法，投资者可以分散风险，提升组合的收益风险比。

资产配置理论的发展可以追溯到 Markowitz（1952）在《Portfolio Selection》中提出的完整的“均值—方差”分析框架。该模型将理性投资者追求的效用最大化从投资组合的均值和方差两个维度进行定义，并在各种不同证券的投资比例上进行决策，力求同等风险下投资组合收益最大或者同等收益下风险最小，形成最优组合的有效边界。均值—方差模型具有简单、直观、易于操作等优点，逐渐成为投资实践中应用最为广泛的经典配置模型。当然，均值—方差模型也存在缺点。Michaud（1989）指出，该模型的主要问题是最优权重组合的选取严重依赖参数估计的准确性，风险和收益的预测偏差直接影响优化组合中的资产权重。

Tobin（1958）提出了分离定理，对任一投资者来讲，最优风险资产组合的配置与其风险偏好无关，而是取决于市场中每类风险资产的特征。在分离定理的基础上，Sharp（1964）等提出了著名的资产定价模型（CAPM）：

$$E(r_i) = r_f + \beta_i[E(r_m) - r_f]$$

CAPM 中投资组合的预期收益和风险呈正相关线性关系，投资组合的风险定义为组合收益与市场收益之间的相关性 beta $\left[\beta_a = \frac{Cov(r_a, r_m)}{\sigma_m^2}\right.$，$Cov(r_a, r_m)$是组合 a 的收益与市场收益的协方差；$\sigma_m^2$ 是市场收益的方差$\left.\right]$。

此后很多学者发展并优化了均值—方差模型，不断提升资产配置模型的实用性和稳定性。Black & Litterman（1990）构建的 Black－Litterman 资产配置模型（简称“B-L模型”），在结合均值—方差最优化分析框架和CAPM这两种现代组合理论的基础上，将投资者的个人观点加入模型，通过求解最优化模型，得到更加符合实际情况的资产配置组合。Black & Litterman（1992）对原B-L模型进行了修正，模型中允许投资者对于收益率的判断存在一定误差，同时信心水平可以低于100%。这样的假设可以使投资者选择的组合更加符合自身的风险承受能力和对收益的预期，因此资产配置的权重也更为合理。

磐安（PanAgora）基金的首席投资官Edward Qian博士于2006年提出“风险平价”（Risk Parity）配置理念。与传统的以Markowitz均值—方差模型为基础的策略不同，风险平价理论更重视风险的构成，而不是以最大化收益为目标。风险平价模型通过平衡各资产在组合中的风险贡献程度，实现投资组合的风险结构优化。通过采用风险平价模型，投资组合避免了过于集中暴露单一资产的风险敞口，因而从长期来看能够实现更为稳定的收益。

为了对这些配置方法加以更有效的应用，学术界和业界在理论层面不断拓展和优化，尤其是从资产配置模型研究、资产相关性研究以及模型的优化求解三个维度。关于资产配置模型的讨论，自Markowitz提出分散化组合投资的观点以来，分散化投资方法出现了许多不同的模式，例如等权重配置、最小波动率配置和最大分散化配置方法等。不同类型的模型在不同的情景假设下有理论上的最优表现，具体的模型探讨可以参考Roncalli（2012）的相关研究。对于资产相关性的估计和预测，学术界也进行了大量研究，既有从方差—协方差矩阵预测的角度，例如Zakamulin（2015）中对比了简单历史样本外推法、EWMA方法、收缩法、DCC-GARCH和GO-GARCH等五类模型对股票市场方差—协方差矩阵的预测能力，提到最终多维GARCH模型来估计预测股票市场方差—协方差矩阵的效率最高；也有从资产非线性关系的角度，例如Haghighi（2006）提出用Copula函数来计算资产间的非线性相关性。从研究结论来看，在考虑非线性相关性后Copula函数能够更好地刻画资产尾部相关性，从而提高投资组合的防范极端风险的预警能力。关于优化模型的求解，Roncalli（2013）提出了一种循环坐标下降法（Cyclical Coordinate Descent，CCD）来解决高维度下风险平价模型的求解方法，当配置的资产数量超过500以上时算法仍可以及时收敛，在效率上优于其他普通算法。

2.1.2 风险平价理论的研究

风险平价模型理论和实践的发展得益于学术界与业界充分交流、相互促进的良性循环。近三十年来，海内外的众多专家学者在风险平价模型领域的研究层面和应用层面已经取得了不少有建设性的成果。

在典型的传统资产配置 60/40 模型中，权益和债券配置比例分别为 60% 和 40%。该模型简单实用，既满足了投资者对收益的要求，又通过一定比例的债券投资分散风险，因此被业界广泛使用。然而，在 2008 年席卷全球的金融危机中，全球资产波动性和相关性呈上升趋势，传统的资产配置策略在分散风险和获得稳定收益方面缺陷明显。Chaves（2011）提出，传统 60/40 投资组合的风险主要来自于权益市场，因为权益市场的波动性显然要比债券市场的波动性大得多；即使在组合中加入其他的资产，对于分散风险起到的作用也很小。Roncalli（2013）认为，Markowitz 优化方法在实际中的应用是基于历史数据估计得到的期望收益，因此会导致权益类资产权重过高。而且在危机中，不同类别资产间的相关性会急剧上升，就没有充分地分散风险。

众多学者在解决这一问题的过程中，提出了风险平价策略，很好地弥补了这一不足。策略的基本思想是通过赋予不同资产以相等的风险贡献度来构造一个平衡型的投资组合，即基于资产风险的等权重组合，而不是资产价值上的等权重（Roncalli，2013）。钱恩平（2007，2016）在他的著作中详细讨论了风险平价理念在资产管理实践中的重要性，提到了风险平价方法相对其他配置方法在实践中有竞争力的原因。Maillard（2009）对最小方差组合和等权重组合进行了对比，也提出了根据各类资产对组合的风险贡献度进行等权重配置的资产配置方法，从而最大化分散风险。这种基于风险贡献度而非基于资产的配置方法被称为风险平价或者风险预算方法。Clarke（2012）对最小方差法、最大多元化法以及风险平价法进行了对比分析，发现风险平价模型得到组合的资产权重受异质风险影响最小。Schachter & Thiagarajan（2011）指出，风险平价策略的优势在于其不依赖于预期收益这个变量。Roncalli（2014）对风险预算策略作了详细介绍，并与权重预算策略进行对比，对风险预算策略在风险指数、债券组合、另类投资以及多资产组合配置等领域的应用做了详细举例和分析。Bhansali et al（2012）认为，基于传统资产的风险平价策略是基于不同资产的风险贡献进行配置，但是这种方法仍然会使组合的风险源头集中于某类风险敞口，尤其是权益类资产风险中，从而使得在其他风险敞口中的风险分散化程度依然不够。因此，提出了运用主成分分析法提取主要的风险因子，利用风险因子替代资产来对组合的风险进行分散。Chaves et al（2010）对风险平价策略以及其他的资产配置方法，包括等权重法、最小方差法、均值—方差法以及经典的 60/40 投资组合进行赛马式比较，并采用夏普比率作为绩效评价指标发现，在风险调整的基础上，风险平价策略并不能持续地比等权重组合或者经典的 60/40 组合表现好，但能更好地分散和配置风险。

在应用层面，投资者更关注如何将风险平价方法实用化，这主要包括风险平价理念在资本市场的应用效果、如何将预期收益观点和风险平价方法相结合以及风险平价方法与宏观风险管理的结合等内容。钱恩平（2007，2016）通过模型在实际美国市场中的回测检验实例，指出投资组合的分散化配置并不总能实现风险的分散化；通过对比传统 60/40 组合和风险平价组合在风险暴露上的区别，说明分散化配置最重要的是风险的分散而非权重的分散。Roncalli（2013）对如何把预期收益观点引入风险平价模型进行了研究，提出了积极风险平价的概念。Ray Dalio 则是当前最成功地将风险平价理念应用到组合投资实践中的管理人，其管理的全天候基金当前规模达到 564.44 亿美元。如图 2－1 所示，自 1996 年成立至今，该基金的年化收益达到 8%，夏普比率达到 0.73（截至 2016 年底数据），产品业绩获得了巨大的成功。Ray Dalio 提出全天候策略的核心理念就是通过均衡的配置在经济增长预期、通胀预期两维度的四种情景下都有优势的资产组合①，通过风险均衡方法来使得投资组合在长期相对市场有更高的风险调整后收益。

---

① 可以看出，全天候基金所采用的风险平价方法并不是单纯从数学模型角度的要求各底层资产的风险贡献相等，实证上是对配置的底层资产进行宏观因素的分解之后，实现的投资组合在关注的风险因子层面的分散化，这其中最重要的是关于风险因子的构造和资产与因子映射关系的挖掘。

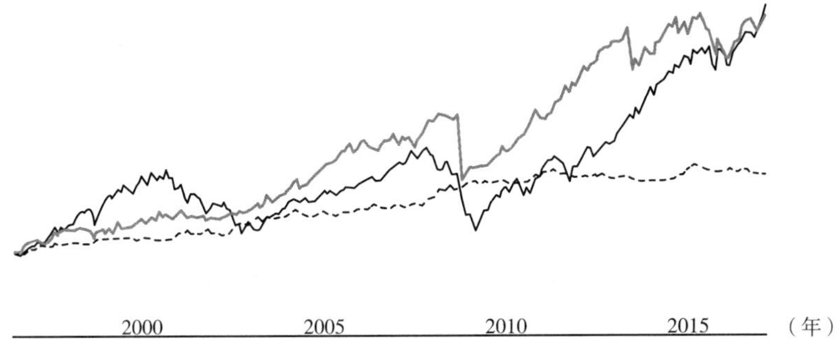

图 2－1　All Weather @12% 历史业绩（1996.8 至今）①

注：图中虚线为策略净值表现，黑色对比基准为标普 500，灰色对比基准为巴克莱 CTA 策略指数。

资料来源：RCMalternatives。

2.1.3　国内资产配置理论研究

国内的资本市场发展时间较短，近年来逐步开展起资产配置方法方面的研究工作，尤其是 CAPM 在中国股票市场的适用性研究较为深入。陈浪南、屈文洲（2000）在上海股票市场选取了 1994 年 1 月到 1998 年 12 月的数据对资本资产定价模型进行了实证检验。研究结果显示，beta 值对市场风险的解释力存在且显著，但是 beta 值与股票收益率的关系不总是如资本资产定价模型描述的线性，并且相关性指标不稳定。李和金、李湛（2000）同样用 Black（1972）的方法对上海股票市场进行验证，结果表明：上海股票市场系统性风险与收益率存在正相关关系，但与资产定价模型描述的线性相关关系不同，为非线性相关。这些研究表明 beta 系数不能完全说明上海股票市场的资产收益率，还有其他风险因素对股票定价起到重要影响。

以风险为导向的资产配置方法及其应用性研究最近几年得到了快速发展。鲍奕奕、刘海龙（2007）用风险贡献率作为风险预算的表示，提出了基于风险预算理论的次优资产配置方法。作者在研究基于风险预算的资产配置方法时，将资产

① 从模型形式上全天候策略是固定目标波动率下的风险平价模型，此时要求配置的资产允许加杠杆，这样使得投资组合最终的波动率达到目标波动率要求。

分为风险资产和无风险资产两类，同时无风险资产的风险预算（或风险贡献率）与其价值权重无关，始终为零。由此通过投资者的期望收益、风险矩阵、风险规避系数和自己的风险预算需求，可以求解出基于风险预算理论的资产配置方法。王海、韩伯棠（2011）提出多因素模型可以在风险预算策略中作为一个可行的方法来实现风险分解。多因素模型可以反映相关因子非预期变化对资产收益的影响，在使用多因素模型进行风险分解时有许多变量可以选作因子，如宏观经济变量、基本面分析因子或者通过主成分分析法等统计方法得到的因子。鲍兵（2014）将风险平价法与传统的资产配置方法进行比较，发现风险平价法在中国市场上有很强的适用性，同时有较好的风险分散化效应。

2.1.4 保险行业资产配置研究回顾

传统的保险资产配置研究主要基于 Markowitz 的优化组合理论，同时加以延伸。Consiglio、Saunders & Zenios（2006）以英国保险公司为研究对象，对带有收益保证的保险产品投资组合进行了研究。Huang & Lee（2010）分别对寿险公司单一期间和多期间的资产配置问题进行了研究，针对单一期间的静态资产配置策略求得了有效边界，而对于多个期间的动态资产配置策略则随着组合结构的不同而不同。Chiu & Wong（2012）基于均值方差模型理论框架，将保险公司承保业务端的随机风险和资产端的市场风险相联系，得到了保险公司保险资产的最优配置策略。

国内学者和实践者们对配置模型在保险资金配置方面也做了不少研究。崔斌（2006）提出了基于经济周期的保险资金资产配置策略。张骅月（2007）从数学角度出发，研究了借助分数阶布朗运动随机过程研究动态均值方差投资组合。李心愉和付丽莎（2013）则构建了基于 Black - Litterman 的保险资金动态资产配置模型研究。陈艺源（2014）借助 Black - Litterman 模型，将代表投资者主观观点的参数加入模型中，从而构建了保险资金投资模型，得到了保险资金的最优投资比例。由于国内保险业投资端的监管环境较为严格，比如不同大类资产的投资比例受到限制，国内学者对于保险资产配置的研究也结合了监管背景，有较强的实际意义。颜伟明（2008）根据保险资产投资的法律法规，将保险资产配置品种的风险因素用 VaR 测定，结合 ARMA 模型和 GARCH 模型预测的收益率，形成资产配置的多期动态优化路径，可以降低资金运用风险，提高投资收益。倪振豪（2014）以均值方差模型为基础，引入影响保险业投资时的承保风险以及前沿的风险测度指标 CVaR，测算适用于我国保险行业的最优资产配置比例。瞿栋（2015）研究了风险预算理论在保险公司资产管理中的应用路径，同时通过构建 Black - Litterman 模型验证了该模型得到的资产组合在分散性、收益率和夏普比率都在一定程度上优于 Markowitz 均值—方差模型构建的组合。王灵芝（2016）研究了“偿二代”体系下保险资产配置的策略及效率，基于优化方法，建立了“偿二代”模型下的最优资产配置模型。

2.1.5 小结

风险平价策略的兴起得益于资产配置理论的不断发展，也是源于投资者对资产组合风险的重视程度不断提高。资产配置理论由来已久，而风险平价方法的兴起不过才十来年，真正得到广泛运用是在 2008 年金融危机之后。在全球资产收益率波动性呈上升趋势的情形下，应用传统的资产配置方法难以很好地分散风险，风险平价方法刚好可以弥补这一不足。纵观国内外在资产配置和风险平价策略方面的研究可以发现，国外在资产配置方法上的研究更加系统、深入和细致；在风险平价方法模型的研究过程中，与其他资产配置模型进行了科学客观的比较，并带有思考性地进行应用，在实践层面对模型不断加以完善和改进。国内对于风险平价理论的相关研究还处于初始阶段，已有的研究文献比较少，更多的是关于其他资产配置理论如均值—方差理论、CAPM 等在国内市场的适用性研究。对于风险平价理论和风险预算理论的研究更偏重于其在国内市场如基金股票等的适用性，但缺乏对方法理论本身的研究。对于风险平价模型在保险公司资产配置中的应用方面的研究文献数量有限；涉及保险公司资产负债管理的研究多是基于均值—方差模型的理论框架，缺乏将风险平价模型应用于保险公司资产负债管理方面的研究。

“保险姓保”意在强调保险的保障功能。保险资产配置的目标要兼顾安全性、收益性和流动性，将风险平价策略应用于保险资产配置的设想具有实践意义。本书将通过与均值—方差等模型的对比，探讨风险平价模型在保险资金资产配置中的应用价值，同时也对风险平价模型如何应用于保险公司的资产负债管理做出初步设想。希望能够从风险平价策略的本质出发，通过实际数据揭示对于资产组合风险管理的意义，尝试做出一些开拓性的探讨和研究。

2.2 资产配置模型综述

前文回顾资产配置理论研究的发展历程，本部分将对一些典型的资产配置模型进行更为详细的介绍，作为后文分析比较的基础信息。

2.2.1 均值—方差模型

均值—方差模型由 Markowitz 提出，通过引入“有效前沿”这一概念，第一次实现了运用数学的方法来描述优化组合问题。投资者使用均值—方差模型的目的是想选出一个最优的投资组合，即在一定的风险水平下使得资产组合的收益率最高；或是在一定的收益率条件下，资产组合的风险最小。Markowitz 的均值—方差最优化理论，基于各大类资产预期收益和资产间协方差矩阵假设，通过量化模型计算不同资产组合的预期收益与风险，进而产生最优的资产组合有效前沿。

均值—方差模型在一定的期望投资收益率 r_p 下，求解出最优的目标权重向量，使得整体资产组合的风险最小。模型构建如下：

$$\begin{cases} \min \sigma_p^2 = X'\Omega X \\ \sum_{i=1}^{n} r_i x_i = X'R \geqslant r_p \\ \sum_{i=1}^{n} x_i = 1, (x_i \geqslant 0) \end{cases} \tag{2.1}$$

其中，资产权重的列向量 $X=(x_1, x_2, \cdots, x_n)'$是模型优化目标，$x_i$ 是组合中每一种资产的权重；投资组合各资产收益率的列向量 $R=(r_1, r_2, \cdots, r_n)'$，$r_i$ 代表投资组合中资产 i 的收益率；r_p 为资产组合的整体收益率；σ_i 是资产 i 的方差；$\sigma_{i,j}$是资产 i 与资产 j 的协方差；σ_p^2 是资产组合的方差；Ω 为 n 个资产收益率的协方差矩阵。

Ω 中的元素分别为资产收益率分布的方差和各资产间收益率分布的协方差：

$$\Omega = \begin{pmatrix} \sigma_{11} & \cdots & \sigma_{1n} \\ \vdots & \ddots & \vdots \\ \sigma_{n1} & \cdots & \sigma_{nn} \end{pmatrix}$$

记 $\vec{1}$ 为各元素均为 1 的列向量，根据（2.1）式，可以将其转变为下列拉格朗日函数：

$$L = X'\Omega X + \lambda_1(X'R - r_p) + \lambda_2(X' \cdot \vec{1} - 1) \tag{2.2}$$

其中，λ_1 和 λ_2 是分别针对式（2.1）中的约束条件的拉格朗日系数，其一阶条件可以表示为：

$$\begin{cases} 2\Omega X + \lambda_1 R + \lambda_2 \cdot \vec{1} = \vec{0} \\ X'R - r_p = 0 \\ X' \cdot \vec{1} - 1 = 0 \end{cases} \tag{2.3}$$

由式（2.3）中的第一个等式可以解得：

$$X = \frac{1}{2}\Omega^{-1}[R : \vec{1}]\begin{pmatrix} \lambda_1 \\ \lambda_2 \end{pmatrix} \tag{2.4}$$

令 $A = [R : \vec{1}]'\Omega^{-1}[R : \vec{1}]$，将式（2.4）代入式（2.3）中的后两个等式联立的方程组中，可以解得：

$$\begin{pmatrix} \lambda_1 \\ \lambda_2 \end{pmatrix} = -2A^{-1}[r_p, 1]' \tag{2.5}$$

将（2.5）式代回式（2.4），即可以得到各资产在一定的收益水平 r_p 下，使得资产组合整体风险最小的最优投资比例：

$$X = \Omega^{-1}[R : 1]A^{-1}\begin{pmatrix} r_p \\ 1 \end{pmatrix} \tag{2.6}$$

2.2.2 Black - Litterman 模型

对预期收益率和协方差矩阵等输入参数的高度依赖是均值—方差模型的一大缺点。为了解决该问题，Fischer Black 和 Robert Litterman（1992）年提出了 Black - Litterman 模型。该模型改进了均值—方差模型。考虑到均值的估计较方差的估计困难很多，Black - Litterman 模型加入了投资者对未来的预期。该模型首先假定资产分配比重与可投资资产的市值成比例，然后依照投资者对未来的预期调整这个比重。新的资产配置组合符合直觉并且具有可以理解的权重分配。Black - Litterman 模型自提出来后，已逐渐被主流投资机构所接受，现已成为高盛公司资产管理部门在资产配置上的主要工具。

模型中将市场均衡收益加上投资者观点得到新的预期收益，可以表示为：

$$E[R]=[(\tau\sum)^{-1}+P'\Omega^{-1}P]^{-1}[(\tau\sum)^{-1}\Pi+P'\Omega^{-1}Q]$$

而协方差矩阵为：

$$\sum_{p}=\sum+[(\tau\sum)^{-1}+P^{T}\Omega P]^{-1}$$

其中：τ 是对市场均衡收益的信心指数；矩阵 P、Q 和 Ω 分别代表投资者设定的资产和对应的预期收益，以及对这个观点的信心水平；Σ 为资产的协方差矩阵；Π 为市场均衡超额收益。

根据新的预期收益和协方差矩阵，通过应用均值方差优化方法得到新的最优权重。

2.2.3 最大分散化模型

在分散化投资思想的指导下，Choueifaty 和 Coignard（2008）年引入了最大分散化（Maximum Diversification）目标函数，即最大化加权平均的资产波动率和投资组合波动率的比值：

$$\max\frac{w^{T}\times\sigma}{\sqrt{w^{T}\times Cov\times w}} \tag{2.7}$$

其中，w 为资产权重向量，Cov 为资产之间的协方差矩阵，σ 为资产波动率向量。该目标函数的构造想法来自于最大化投资组合的夏普比率，如果用资产期望收益率代替资产波动率，那么该组合为位于有效前沿上的切点投资组合。

2.2.4 风险平价模型（Risk Parity）

与 Markowitz 理论的标准预期收益不同，风险平价模型的目标是将风险分配给每类资产，这一理念使资产管理实现了从组合优化向风险配置的一次重大突破。

风险平价策略是指通过调整各类资产配置比例，使得各类资产对于整体组合的风险贡献度相同，即平均分配每类资产的风险贡献度。风险平价策略基于各资产的历史波动率和相关性，计算每类资产的风险贡献，并依次进行权重分配，因此计算过程不依赖于模型预测。同时，由于风险平价策略根据风险水平对各资产进行资金分配，而非单纯意义上的资金分配，风险平价真正意义上做到了投资的分散化。在权重配置方面，风险平价模型并不是简单地使各项资产在资产组合中拥有相同的波动率，而是通过对资产进行权重配置，使每类资产对组合的边际风险贡献度相同。

以上策略用数学公式表述如下：假设资产组合中有 n 种资产，定义列向量 $X=(x_1, x_2, \cdots, x_n)'$，表示资产组合中 n 种资产的权重；Ω 为 n 种资产收益率的协方差矩阵，σ_i 是资产 i 的方差，$\sigma_{i,j}$是资产 i 与资产 j 的协方差；σ_p^2 是资产组合的方差，代表资产组合的总体风险；r_p 代表资产组合的收益率。Ω 中的元素分别为资产收益率分布的方差和各资产间收益率分布的协方差。资产组合的标准差 σ_p 表示如下：

$$\sigma_p = \sigma(x) = \sqrt{x'\Omega x} = \sqrt{\sum_i x_i^2 \sigma_i^2 + \sum_i \sum_{i \neq j} x_j \sigma_{ij}} \tag{2.8}$$

第 i 种资产的边际风险（Marginal Risk，MR_i）定义为：

$$MR_i = \frac{cov(r_i, r_p)}{var(r_p)} = \frac{cov(r_i, r_p)}{\sigma_p^2} \tag{2.9}$$

其中，r_i 是资产 i 的收益率。边际风险贡献（Marginal Risk Contribution，MRC）是指资产权重变化对于组合风险的影响，表示为：

$$MRC_i = \frac{\partial \sigma_p}{\partial x_i} = \frac{1}{\sigma_p} \cdot \sum_{j=1}^{n} x_j \cdot \sigma_{ij} = \frac{1}{\sigma_p} \cdot cov(r_i, r_p) \quad (2.10)$$

资产 i 的总风险贡献（Total Risk Contribution，TRC），是指组合中资产 i 对于整体资产组合的总风险贡献：

$$TRC_i = \sigma_i(x) = x_i \cdot \frac{\partial \sigma_p}{\partial x_i} = \frac{1}{\sigma_p} \cdot \sum_{j=1}^{n} \cdot x_i \cdot x_j \cdot \sigma_{ij} = \frac{1}{\sigma_p} \cdot x_i \cdot cov(r_i, r_p) \quad (2.11)$$

由此推导资产 i 占资产组合整体风险的比重表示为：

$$\frac{TRC_i}{\sigma_p} = \frac{1}{\sigma_p^2} \cdot x_i \cdot cov(r_i, r_p) \quad (2.12)$$

资产组合整体风险等于各资产的总风险贡献之和：

$$\sigma_p = \frac{\sum_{i=1}^{n} \sum_{j=1}^{n} x_i \cdot x_j \cdot \sigma_{ij}}{\sigma_p} = \frac{1}{\sigma_p} \cdot \sum_{i=1}^{n} x_i \cdot cov(r_i, r_p) = \sum_{i=1}^{n} TRC_i \quad (2.13)$$

风险平价方法中的等风险贡献度组合（Equally - weighted Risk Contribution，ERC），即 ERC 组合，是指任意两个资产的总风险贡献度相等，以此来求得各类资产在资产组合中的权重：

$$x_i \cdot \frac{\partial \sigma_p}{\partial x_i} = x_j \cdot \frac{\partial \sigma_p}{\partial x_i} = \lambda \quad \forall i, j \quad (2.14)$$

其中，λ 是未知常数。

假设资产组合的各资产间存在相同的相关系数，即 $\forall i, j \in \{1, 2, \cdots, n\}$，有 $\rho_{ij} = \rho$，此时资产 i 的总体风险贡献表示为：

$$\sigma_i(x) = \frac{x_i^2 \sigma_i^2 + \rho \sum_{i \neq j} x_i x_j \sigma_i \sigma_j}{\sigma(x)} = \frac{x_i \sigma_i [(1 - \rho) x_i \sigma_i + \rho \sum_{j=1}^{n} x_j \sigma_j]}{\sigma(x)} \quad (2.15)$$

由于是等风险贡献度组合，根据定义 $\forall i, j \in \{1, 2, \cdots, n\}$，$\sigma_i(x) = \sigma_j(x)$，即 $x_i \sigma_i = x_j \sigma_j$。因为各资产的权重之和等于 1，$\sum_{i=1}^{n} x_i = 1$，可以推得：

$$x_i = \frac{\sigma_i^{-1}}{\sum_{j=1}^{n} \sigma_j^{-1}} \tag{2.16}$$

在此情况下，风险平价模型可以求得解析解。即使不满足相关性相同假设情况下，通过以上方法也可近似求得风险平价策略配置权重。

在不满足资产组合各资产相关性系数相同的条件下，使用该策略只能求得近似解，而不存在解析解；如果要得到更精确的权重值，只能通过非线性规划求得数值解。这里需要用到的方法是序列二次规划算法（Sequence Quadratic Program，SQP），这是求解中小规划约束优化问题的一类有效算法。结合不能卖空的限制，即资产 i 的权重 $x_i \in [0,1]$，求解最优化问题如下：

$$x^* = \operatorname{argmin} f(x)$$

$$\text{s.t.} \begin{cases} \sum_{i=1}^{n} x_i = 1 \\ 0 \leqslant x_i \leqslant 1 \end{cases}$$

$$f(x) = \sum_{i=1}^{n} \sum_{j=1}^{n} (TRC_i)^2 = \sum_{i=1}^{n} \sum_{j=1}^{n} (x_i(\Omega x)_i - x_j(\Omega x)_j)^2 \tag{2.17}$$

其中，$(\Omega x)_i$ 为协方差矩阵 Ω 与权重向量乘积的第 i 个元素，即 $\sum_{j=1}^{n} x_j \sigma_{ij}$。当 $f(x^*)=0$ 时，有 $\forall i,j \in \{1,2,\cdots,n\}, TRC_i = TRC_j$，该数值解即为风险平价策略的组合权重。根据该比例配置各资产得到的资产组合，可以使得每一资产对于整体资产组合的风险贡献度，即不同资产风险预算相等。

2.2.5 多因子模型

因子投资（Factor Investing）是近年兴起的一种新型投资方法。这种投资方法最早可追溯到资本定价模型特别是 Fama 和 French 的三因子模型。在此模型中，一个投资组合或者某一资产的超额收益可由它对三个因子的风险暴露来解释。这三个因子是：市场因子（R_m）、规模因子（SMB）、价值因子（HML）。三因子模型可通过公式 2.18 表示：

$$E(r_i) = r_f + \beta_i[E(r_m) - r_f] + s_i SMB + h_i HML \tag{2.18}$$

研究表明，除了市场的系统风险以外，市值以及账面市值比对股票价格的变动有较强的解释，即股票价格与一系列的风险因素有关。在三因子的基础上，研究者发现动量、短期反转等其他因子也可以解释股票价格的变动。

实证研究发现，特定风险因子暴露可以获得相对于市场的超额收益。Fama 和 French（1992）发现，1962 年 7 月至 1990 年 12 月，小市值组合每月可获得 1.47% 的收益，而同期大市值组合仅能获得 0.90% 的月收益。类似地，高账面市值比组合平均每月可获得 1.63% 的收益，而同期低账面市值比组合平均每月仅可获得 0.64% 的收益。目前，多因子投资在国外已经变成一种广泛的投资方法。主流的因子包括价值（Value）、小市值（Small Size）、低波动（Low Volatility）、高收益（High Yield）、质量（Quality）和动量（Momentum）。MSCI 以及 BlackRock 等公司构建了一系列因子模型并开发相应的 ETF，通过在投资组合中分配不同因子的权重，从而调整组合对不同风险的暴露程度。然而，多因子投资也不是万能的，各因子的表现都具有周期性特征。某些时期有些因子的表现并不尽如人意，周期性下跌阶段甚至可以长达 6 年。因此，进行分散化的因子投资，将风险分散到不同的因子暴露，是应对单项因子收益下行的有效方式。

2.2.6 小结

均值方差、Black - Litterman、因子投资等资产配置模型对资产本身的定价与收益预期依赖程度较高。而基于风险度量的 Risk Parity 和最大分散化等配置模型，则基本不依赖对资产价格和收益的预期，各资产的风险和相关性是该类模型的决定性因素。因此，不论驱动市场的关键因素如利率和通胀等如何变化，基于风险度量的优化配置都具有较高的稳定性。这两类不同的配置模型各有其优势与劣势。如果投资机构对各类资产有深入的研究，具有很强的价格分析和预测能力，那么可以通过前一类资产配置模型来优化配置比例，抓住各类资产在不同利率和经济周期的机会。当然，也有观点认为预测资产价格或判断市场走势的准确率很低，影响因素众多且交织叠加，最好的方式是不做价格预期和判断，单纯从风险分散角度来进行配置。这也就是基于风险分散配置类方法背后的理念。本文不对两类配置方法做优劣势判断，对于配置模型的选择并不是非此即彼，应该因“人”而异，因“时”而异，因“势”而异。此外，将不同的模型结合运用也可以起到兼顾的作用。

2.3　资产配置中大类资产特性研究

大类资产的特性研究是所有资产配置模型的核心基础。深入研究和理解各类资产的风险和收益特征，为资产投资收益和风险预测提供基础，有助于更好地利用资产配置方法和模型，获得长期稳定的超额收益。传统的资产定价模型告诉我们，大类资产的风险和收益成正比关系，即高风险的资产将获得风险溢价的补偿。因此，在资产配置过程中，通过提升高风险资产占比，获取风险溢价，被认为是提升投资组合收益的有效手段。本节将以大类资产历史表现为基础，探究是不是所有大类资产都具有长期风险溢价？是不是承担风险就一定能得到溢价补偿？全球大类资产风险溢价的分布有什么特征？这些问题的分析与回答也将为配置过程中底层资产的选取提供参考。

2.3.1　资产配置核心命题的再思考

桥水基金（Bridge Water）在 2011 年发表的报告《Risk Parity Is All About Balance》中阐述了其战略资产配置的核心逻辑：持有风险资产意味着牺牲短期流动性并承担市场波动，因此资本市场会给投资者提供一定的补偿（风险溢价），这是为什么大类资产长期来看会跑赢现金的原因。另外，资产价格本质上是投资者对未来经济情景预期的折现，资产价格将受到投资者预期改变带来的冲击。因此，大类资产价格的主要驱动因素包括累积风险溢价的变化以及经济环境的超预期变化（导致的投资者预期变化）；而资产配置的任务就是尽可能稳定地攫取风险溢价，同时将经济环境超预期变化带来的风险降到最低。

在投资管理中，如何识别和判断资产风险溢价的变化以及短期市场超预期因素，对于绝大多数投资管理人来说是极其困难的。在缺乏对资产短期收益率明确预期的前提下，大类资产配置将对组合的收益起到决定性作用。资产配置的核心是选择具有风险溢价的资产和策略，并通过配置权重的调整，分散单一资产和策略的风险，使得投资组合具有符合预期的风险收益特征。

2.3.2 大类资产历史表现回顾

本节将回顾自 20 世纪 90 年来以来世界主要经济体，包括美国、欧洲、日本以及中国市场中股票、债券和商品的表现情况。收益率采用月度数据，股票和商品历史数据区间为 1990 年 12 月至 2016 年 6 月，共 306 个月，债券历史数据区间为 2003 年 6 月至 2016 年 6 月，共 157 个月。

观察权益资产从 1991 年 12 月至 2016 年 6 月的历史表现（见表 2－1）可以发现，中国 A 股年化收益率高达 13.08%，在 4 个样本国家和地区中排名居首；美国和德国股市年化收益率比较接近，分别为 7.52% 和 7.88%；日本是发达经济体中唯一出现负收益的国家，年化收益率仅为－1.66%。观察权益资产历史波动率水平，可以发现 A 股年化波动率高达 57%，这是由于回溯区间包含了 A 股市场建立初期。当时 A 股尚未施行涨跌停板限制，市场整体尚处于波动较大的初步发展阶段。同时期内其他市场除美国股市之外，波动率水平均在 20% 至 30% 之间，美股波动率最低，仅为 14.35%。

表 2－1　　全球权益资产历史表现

资产名称	年化收益率	年化波动	信息比率	月份数
标普 500	7.52%	14.35%	0.52	306
德国 DAX 指数	7.88%	20.84%	0.38	306
日经 225	－1.66%	20.57%	－0.08	306
上证综指	13.08%	57.20%	0.23	306

数据时间：1991.12～2016.06，月频。
资料来源：Bloomberg。

进一步观察距今更近的历史时期内权益资产表现，表 2－2 显示了 2003 年 6 月至 2016 年 6 月的 13 年间全球股市表现。在中国 A 股年化波动率显著下降至 29.56%，仍然是波动最大的权益资产。其他国家和地区的股票市场波动率水平没有发生显著的跃迁，美股仍以 13.77% 的年化波动率保持最低。收益率发生显著变化的是中国和日本，A股年化收益率下降至4.85%，而日经225由-1.66%上升至4.81%。

表2-2　　全球权益资产历史表现

资产名称	年化收益率	年化波动	信息比率	月份数
标普500	6.13%	13.77%	0.45	157
德国DAX指数	9.42%	18.32%	0.51	157
日经225	4.81%	19.46%	0.25	157
上证综指	4.85%	29.56%	0.16	157

数据时间：2003.06~2016.06，月频。
资料来源：Wind、Bloomberg。

比较股票和债券的同期表现（见表2-3），股票的年化收益率均高于债券，但超越幅度较为有限，同时股票波动率水平却远远高于债券。

表2-3　　全球债券历史表现

资产名称	年化收益率	年化波动	信息比率	月份数
美国10年国债	5.10%	6.54%	0.78	157
美国投资级企业债	5.18%	5.82%	0.89	157
德国10年国债	5.74%	4.90%	1.17	157
日本10年国债	2.31%	3.09%	0.75	157
中国10年国债	3.69%	3.64%	1.02	157

数据时间：2003.06~2016.06，月频。
资料来源：Wind、Bloomberg。

从以上数据观察可以得出一些初步结论：长期配置风险资产未必会获得正收益，承担流动性和波动风险未必会得到风险溢价补偿，如日本权益。此外，由于权益资产的波动性极大，以“买入并持有”方式长期配置权益资产的确可以提升组合收益，但与此同时付出的额外风险预算是极其“昂贵”的。

2.3.3　大类资产风险溢价分布

在资产选择过程中，投资者普遍更关注风险调整后的收益，本章采用信息比率作为风险溢价的度量。表2-1~表2-3给出了大类资产的历史信息比率。不难发现，表 2－3 中债券的历史信息比率均在 1 附近，远高于同期的权益类资产。表 2－1 的权益类资产中，德国和美国信息比率最高，分别为 0.51 和 0.45，日本和中国仅为 0.25 和 0.16。观察表 2－1 中更长时间的结果可以发现，信息比率具有同样的排序关系：美国和德国位于最高，中国和日本最低。

图 2－2 为大类资产信息比率与波动率的关系。可以看出，大类资产信息比率随波动率的上升而逐渐递减。这意味着，在边际上承担额外的风险所获得收益会逐渐降低。从资产定价角度来看，资本市场对风险的定价呈现边际递减的规律。波动率越小的资产单位波动率获得的收益越高。

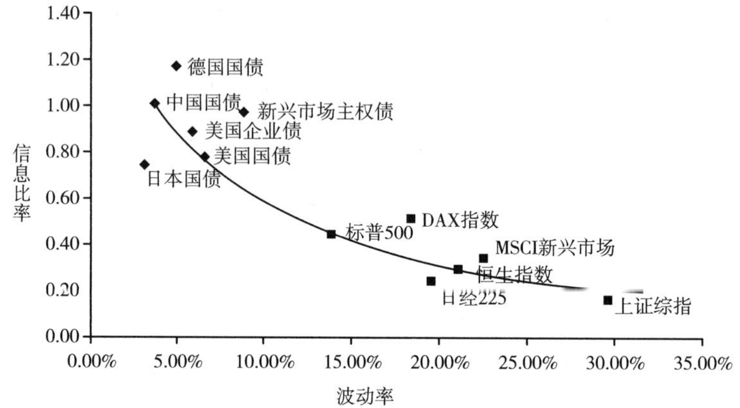

图 2－2　大类资产信息比率与波动率

数据频率为月度，股票与商品回溯区间为 1991.12～2016.06，债券回溯区间为 2003.06～2016.06。

资料来源：Bloomberg。

2.3.4　对大类资产配置的启示

随着现代投资组合理论被越来越广泛接受，人们开始倾向于从风险出发考虑资产配置及组合管理。投资经理往往会在既定风险预算下优化组合配置。如果组合目标波动率较小，那么通过配置债券其实已经可以获得相当高的风险调整后收益，但组合绝对收益水平有限，在利率下行的环境下，可能难以匹配收益目标。一个被动的解决方法是调高组合风险预算，纳入更多权益资产增厚收益。但正如上文所述，这样的做法在边际上效用是不断降低的。

在资产配置研究中，一个容易被忽视的核心问题是如何将“风险溢价曲线”整体提高。仅仅局限于传统资产提供的市场收益，很难显著提升组合的风险调整后收益。但通过创新资产或策略，或将“风险溢价曲线”整体向上抬升，可为资产配置提供更好的底层基础。例如已被市场广泛应用的 SmartBeta 策略或者以绝对收益为目标的 Alpha 策略都是用以提升投资风险收益比的新型资产。

图 2－3 对比了传统权益固收资产以及新型资产的“风险溢价曲线”。可以看出，大类资产信息比率随波动率的上升而逐渐递减。这意味着，在边际上承担额外的风险所获得收益会逐渐降低。然而，当引入某些新型策略资产后，策略指数在同等风险水平下较传统大类资产取得了更高的风险溢价。因此，做大类资产配置时，除了配置策略上的创新外，也可以考虑在一个新的维度，即资产种类上进行创新。

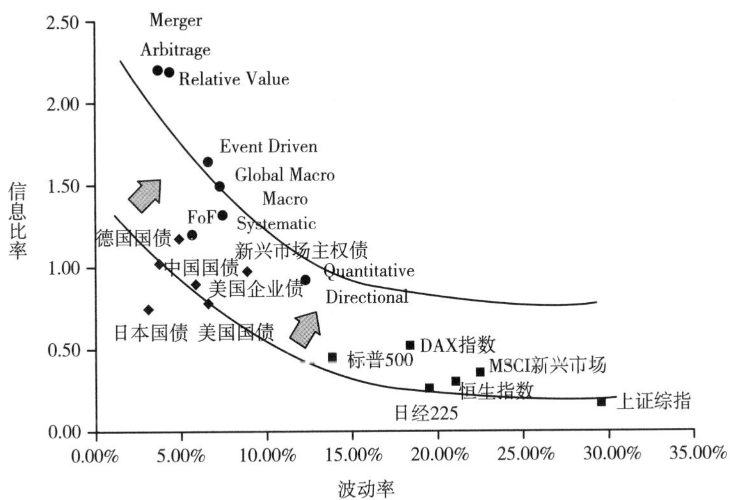

图 2－3　对冲基金策略、大类资产信息比率与波动率

数据频率为月度，股票与商品回溯区间为 1991. 12 ~ 2016. 06，债券回溯区间为 2003. 06 ~ 2016. 06 数据，对冲基金策略回溯区间为 1990. 12 ~ 2016. 06。

资料来源：Bloomberg。

第 3 章

大类资产配置模型对比研究

3.1 风险平价模型与传统60—40配置的比较

3.1.1 大类资产的选取与比较

风险平价策略的核心是均衡分配各类资产的边际风险贡献。本节以权益和债券两类资产作为代表，用夏普比率作为资产单位风险溢价的量化指标，对两类资产进行比较。

表3-1统计了自2007年1月至8月国内权益和债券的收益和风险情况，从表中可以看出，债券的长期收益虽然低于权益，但夏普比例更高。风险平价策略的目标是平衡资产的风险贡献，单位风险收益较高的资产会获得更高的配置比例。

表3-1　中国股票、中国债券长期均衡风险收益

	权益	债券
年化收益率	8.08%	3.33%
年化波动率	29.44%	2.39%
夏普比率	0.18	0.27

数据长度：2007.01.01~2017.08.31。权益采用沪深300全收益指数，债券采用中债国债总财富指数。无风险收益率为1年期中国国债到期收益率。

数据来源：Wind。

图3-1统计了股票和国债2007年度至2017年度的夏普比率。可以发现，在这10年间，有5年股票夏普比率高于债券，其余5年债券高于股票。在2007年的股票牛市中，股票夏普比率为4.81，显著高于债券的-3.45。在2008年和2015年两轮“股灾”阶段，债券夏普比率分别为3.26和2.42，好于同期股票的-1.42和0.38。因此，中短期来看，股债夏普比率的相对强弱具有很大不确定性。

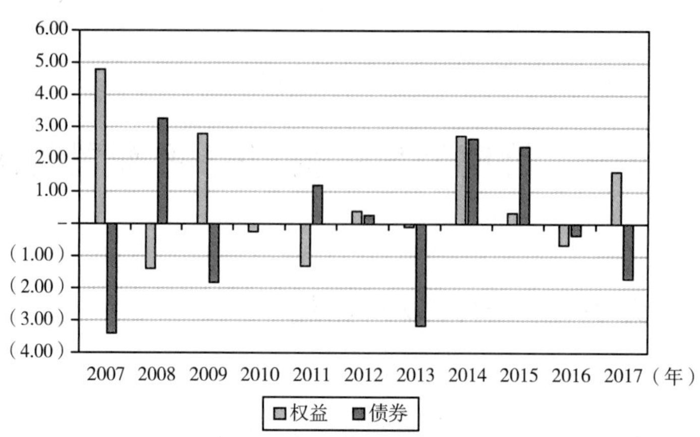

图 3-1 中国股票、中国国债年度夏普比率统计

数据长度：2007～2017 年。权益采用沪深 300 全收益指数，债券采用中债国债总财富指数。夏普比率计算中的无风险收益率为 1 年期中国国债到期收益率。

数据来源：Wind。

从长经济周期来看，桥水基金的 Bob Prince 将宏观经济预期的变化视为驱动资产价格的核心因素。由于无法预测未来宏观经济将处于什么状态，风险平价策略主张避免对单一资产下赌注，而是均衡配置典型经济环境周期中的所谓“强势资产”。从而，在任何经济状态下，投资组合整体都会有比较平稳的表现。

具体而言，桥水基金用 GDP 和 CPI 分别刻画宏观经济增长和通胀（见图 3-2），这两个变量又将传导影响各类资产对应的价格水平。由于股票是未来企业盈利现金流的折现，因此经济增长预期上升（下降），股价将会上升（下降）。经济增长对债券的影响正好相反，经济增长（衰退）使得预期通胀水平上升（下降），从而使得债券价格下跌（上涨）。通胀直接对折现率产生影响，因此当预期通胀水平上升（下降）时，股票价格可能会下降（上升），而债券价格也会随之下降（上升）。桥水基金用增长和通胀两个指标将经济环境划分为四个象限，比如经济增长的上升与下降阶段、通胀的上升与下降阶段。由于难以精确预测未来经济将轮转到哪一个象限，桥水基金选择将风险预算平衡地配置到每个象限中。股票对应经济增长期的强势资产，债券为经济衰退和通胀下降时的强势资产，而商品则作为通胀上升时的强势资产，那么这三类资产已经可以对整个宏观经济的所有象限进行全覆盖。

尽管桥水基金提供了一个简单、实用的配置哲学，但不得不承认现实的情况要复杂得多。第一，大类资产的驱动因素十分复杂，无法仅用简单的若干个变量

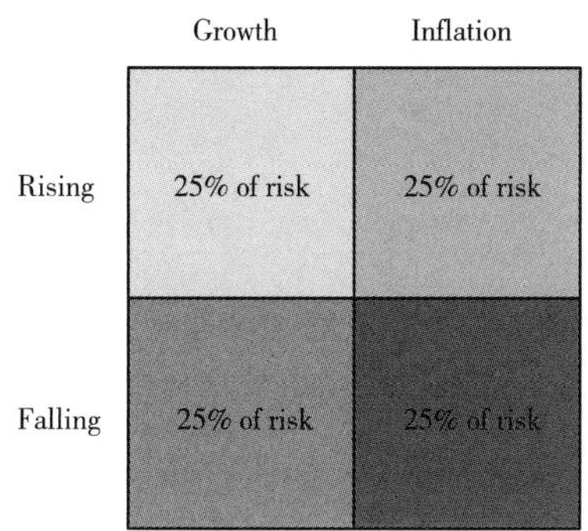

图 3－2　经济环境与风险预算分配

数据来源：Bob Prince，“Risk Parity is about Balance”，Bridgewater Associates.

概括。第二，当多个宏观变量同时发生变化时，大类资产价格的走势将具有更大的不确定性。比如，经济增长若同时伴有通胀上升，权益将受到两种反向作用的因素的冲击。此外，如果宏观经济变量的变化在各个大类资产中无法得到所谓“抵消”，那么风险平价策略将失效。

如果统计大类资产与宏观变量的滚动相关性（见图 3－3、图 3－4），就能发现相关性水平并不稳定，而且在正值和负值之间切换，还频繁出现相关性同时为正值或负值的情况。

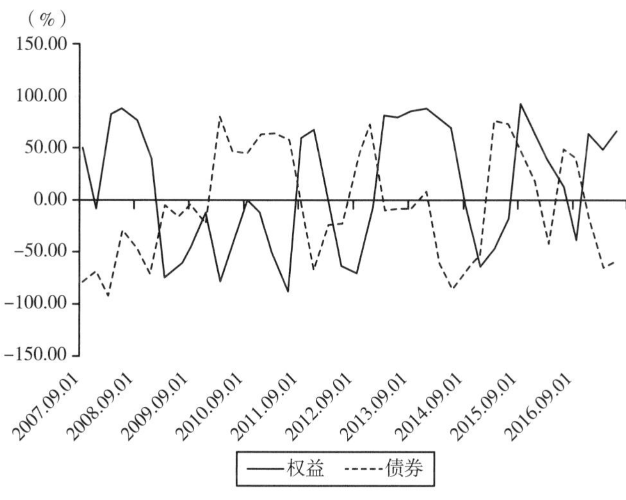

图 3－3　中国股票、中国债券与 GDP 滚动相关性

数据长度：大类资产相关性测算窗口为 2007.09～2017.06。权益采用沪深 300 全收益，债券采用中债国债总财富指数。相关性计算窗口为 1 年。

数据来源：Wind。

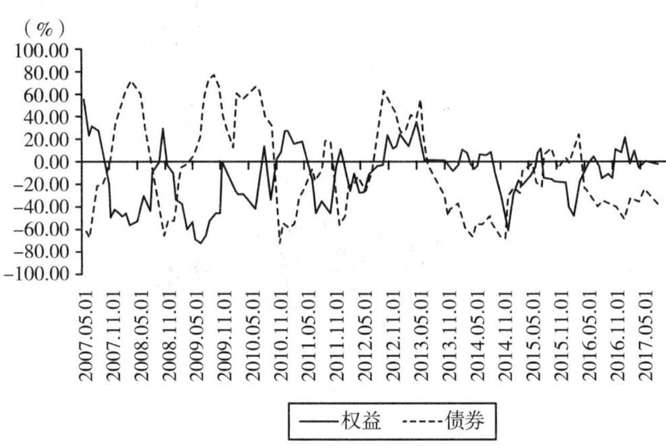

图3-4 中国股票、中国债券与中国CPI滚动相关性

数据长度：大类资产相关性测算窗口为2007.05～2017.08。权益采用沪深300全收益，债券采用中债国债总财富指数。相关性计算窗口为1年。

数据来源：Wind。

实证数据显示，宏观变量对大类资产的影响比较复杂，大类资产与宏观变量（经济增长与通胀）并不一定符合经典资产定价假设。风险平价未必能"抵消"短期宏观变量变化产生的冲击。因此，风险平价策略是基于长期的、跨越周期的配置策略，短期的市场波动会给该策略带来干扰因素，不能仅从短期的市场观察直接判断该策略是否有效。

3.1.2 风险平价策略实证回溯

本节对风险平价策略进行实证回测，并与"40—60策略""20—80策略"进行对比。"40—60策略"由40%权益和60%债券构成，"20—80策略"由20%权益和80%债券构成。

表3-2展示了三种策略在2002.07.01至2017.08.31回溯时段内的业绩表现，风险平价（不加杠杆）的年化收益率为3.38%，年化波动率为3.71%。同时期的"40—60策略"由于股票权重较大，年化收益率达到5.74%，年化波动率高达10.87%；"20—80策略"表现折中，年化收益率为4.52%，波动率处于中位的5.86%。若仅从收益角度看，风险平价并不占优势，显著低于"40—60

策略”和“20—80 策略”，但其波动率水平却为三种策略中的最小者，其信息比率最高，达 0.91，接近“40—60 策略”的两倍。

图 3－5 是三种策略在历史回溯期的净值曲线。在实际操作中，投资者可以通过风险平价加杠杆的方式，提升投资收益的同时保持较低的波动。

表 3－2　风险平价、“40—60 策略”和“20—80 策略”风险收益统计

	风险平价	40—60 策略	20—80 策略
年化收益率	3.38%	5.74%	4.52%
年化波动率	3.71%	10.87%	5.86%
夏普比率	0.22	0.29	0.34
信息比率	0.91	0.53	0.77

数据长度：2002.07.01～2017.08.31. 策略采取月末调仓，中国权益采用沪深 300 指数，中国债券采用中证国债总财富指数。

数据来源：Wind。

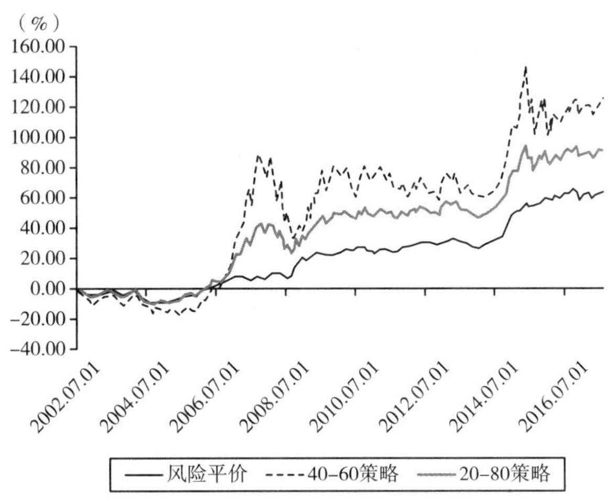

图 3－5　风险平价、“40—60 策略”和“20—80 策略”历史回溯

由于风险平价策略的意义在于降低组合波动和熨平周期，因此有必要对特殊市场阶段的策略表现做更细致的检验。为此本文选取了 2007 年和 2008 年以及 2015 年两轮股灾的时间窗口，对策略表现做进一步比较。

图 3－6 为三种不同策略在 2007 年、2008 年的净值曲线。不难发现，尽管“40—60 策略”组合已经通过配置债券分散了一定的风险，但在此轮股灾期间仍出现了接近 40% 的回撤。同一时期“20—80 策略”出现了约 9% 的亏损，而风险平价策略净值却上升了 11%。图 3－7 为 2015.05.14 至 2015.10.14 的半年时

间中三种不同策略的净值曲线，“40—60 策略”下跌约 10%，“20—80 策略”下跌约 2%，而风险平价却上升了 3%。

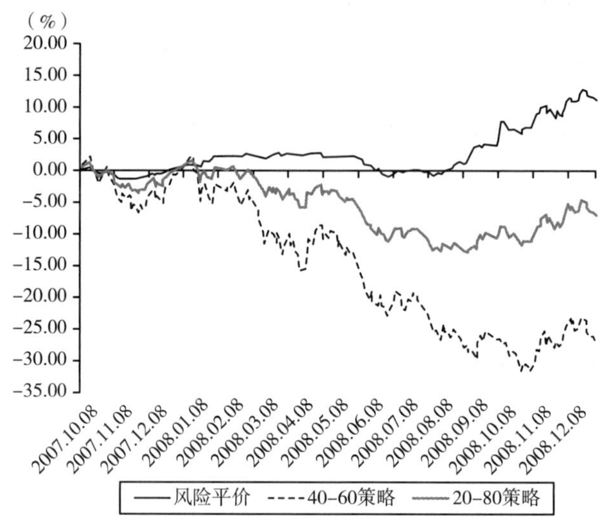

图 3-6 风险平价、“40—60 策略”和“20—80 策略”在 2007 年、2008 年股灾中的表现

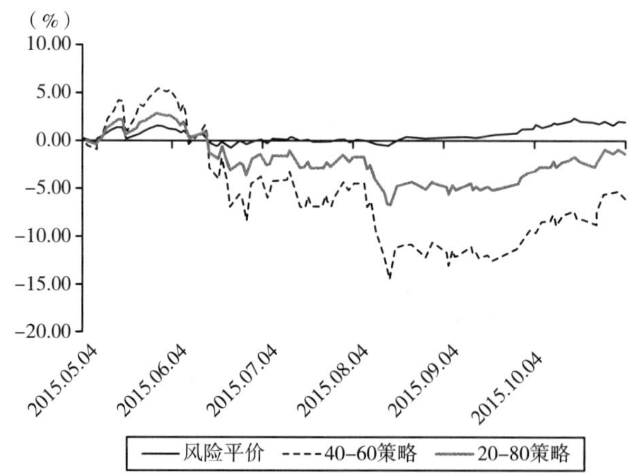

图 3-7 风险平价、“40—60 策略”和“20—80 策略”在 2015 年股灾中的表现

由此可见，风险平价策略提供了相对稳健的投资配置，在极端市场环境下，降低了投资组合的波动和回撤。风险平价的核心不在于最大化收益，而是通过平衡大类资产对组合整体的风险贡献来降低宏观经济因素变化造成的冲击，提升投资组合单位风险的收益水平。

3.2 风险平价模型与均值方差模型的比较

3.2.1 大类资产的选取与策略的实施

均值方差模型是在资产配置中较为常用的一类模型。为了对比均值方差模型与风险平价模型的不同特性，本部分研究的资产类别选取了以下三种：证券投资基金类、股票类以及债券类。证券投资基金选取上证基金指数，以上海证券交易所上市的证券投资基金为样本，主要反映证券基金市场的综合变动情况。债券类资产选取中证 3 债指数、中证 7 债指数和中证 10 债指数这三种不同期限的指数，分别对应剩余期限为 1 ~3 年的短期债券、3 ~7 年的中期债券和 7 ~10 年的长期债券的整体价格变动趋势。这三种指数不仅涵盖银行间市场和沪、深证券交易所市场的国债、金融债和企业债类型，也是保险资金投资的主要债券类别，还覆盖不同长度的剩余期限。股票类资产分别选取国内大盘指数和风格类指数。股票类大盘指数选取沪深 300 指数和中证 500 指数；前者指数的样本选自沪深两个市场，覆盖了大部分的流通市值，反映流动性强、规模大、交易活跃的主流投资股票股价的综合变动；后者剔除了沪深 300 指数的样本股，可以综合反映沪深证券市场内小市值公司股票的整体状况。

表 3 – 3 中详细罗列了各大类资产类别以及权重符号分配。

表 3 – 3　　大类资产类别

资产类别	指数名称及编号	指数交易代码	权重符号
证券投资基金类	1. 上证基金指数	000011. SH	x_1
股票类大盘指数	2. 沪深 300	000300. SH	x_2
	3. 中证 500	000905. SH	x_3
股票类风格指数	4. 上证 380 成长指数	000117. SH	x_4
	5. 上证 380 价值指数	000118. SH	x_5

续表

资产类别	指数名称及编号	指数交易代码	权重符号
债券类指数	6. 中证 3 债	H11002. CSI	x_6
	7. 中证 7 债	H11003. CSI	x_7
	8. 中证 10 债	H11004. CSI	x_8

假设资产组合中仅包含基金、股票和债券，不考虑其他的资产，即这十类资产在资产组合中权重比例之和为 100%。需要说明的是，因为剔除了银行存款 20% 的投资比例，这十类资产占公司总体的投资比例为 80%，即通过风险平价模型得到的各大类资产的配置比例需要乘以 80% 才是保险公司实际的配置权重。均值方差模型中需要用到的收益率数据也扣除了银行存款的收益部分。

表 3－4 显示了各资产的相关性矩阵。股票类各资产指数由于会受到较为一致的市场因素和宏观经济因素的影响，各指数间具有较大的相关性。债券类指数与股票类指数的相关性很小甚至为负，同时不同期限的债券类指数也具有较强的相关性。从资产配置的角度，资产间的相关性越小，风险的分散程度就越好。股票类和债券类资产间的相关性系数还是比较小的，同时在每一大类资产间又作进一步的细分，可以兼顾保险公司资产投资的全面性。

表 3－4　　2007 年 1 月至 2017 年 6 月各大类资产的相关性矩阵

	基金	沪深	中证	成长	价值	3 债	7 债	10 债
1. 上证基金指数	1.00	0.94	0.78	0.80	0.83	－0.10	－0.20	－0.32
2. 沪深 300	0.94	1.00	0.87	0.88	0.92	－0.06	－0.14	－0.25
3. 中证 500	0.78	0.87	1.00	0.98	0.96	0.02	－0.08	－0.21
4. 上证 380 成长指数	0.80	0.88	0.98	1.00	0.96	0.01	－0.09	－0.23
5. 上证 380 价值指数	0.83	0.92	0.96	0.96	1.00	－0.01	－0.10	－0.22
6. 中证 3 债	－0.10	－0.06	0.02	0.01	－0.01	1.00	0.91	0.77
7. 中证 7 债	－0.20	－0.14	－0.08	－0.09	－0.10	0.91	1.00	0.92
8. 中证 10 债	－0.32	－0.25	－0.21	－0.23	－0.22	0.77	0.92	1.00

表 3－5 也显示出，各大类资产指数在 2007 年 1 月至 2017 年 6 月间的总体年化收益率和波动率情况。权益类资产的年化波动率高，收益率表现也相对较好；而债券类资产的波动率小，但是收益率的表现也较差。

表 3－5　2007 年 1 月至 2017 年 6 月各资产的年化收益率、波动率表现

	年化波动率（%）	年化收益率（%）
1. 上证基金指数	24.77	8.58
2. 沪深 300	32.87	7.60
3. 中证 500	37.11	11.04
4. 上证 380 成长指数	34.98	10.33
5. 上证 380 价值指数	36.89	11.84
6. 中证 3 债	1.51	3.25
7. 中证 7 债	2.74	3.57
8. 中证 10 债	4.08	3.32

资料来源：Wind 数据库。

在资产组合中选定以上几种大类资产，应用均值方差模型和风险平价模型这两种不同的策略来进行资产配置。基于研究一段较长时间内资产配置方法对于短期配置的适用性，对各策略进行滚动测试，每个月进行一次仓位调整。

资产数据总样本期间从 2007 年 1 月至 2017 年 6 月，每三个月作为一个样本期，即从 2007 年 1 月至 2007 年 3 月为第一个样本期，计算样本期内组合的协方差矩阵以作为下一期的协方差矩阵的估计，以此作为模型参数求解未来一个月的持仓权重。因此，求解的第二个样本期即从 2007 年 2 月至 2007 年 4 月，以此类推。根据持仓权重计算各月收益率及波动率，将这三种策略得到的资产组合表现进行比较，主要通过波动率指标和夏普比率指标对资产组合的整体业绩表现进行比较和分析。本文选取中债 1 月期国债到期收益率作为无风险收益率。

3.2.2　模型的构建

前文对于均值方差模型和风险平价模型的通用形式做了说明，根据本文的数据和具体情况，需要对模型作出进一步具体的构建。在本文的均值方差模型中，资产组合中的大类资产的权重为 $X=(x_1,x_2,\cdots,x_8)'$，根据《中国保监会关于加强和改进保险资金运用比例监管通知》，对投资权益类资产的比例上限为公司上季末总资产的 30%，有：$x_1+x_2+x_3+x_4+x_5\leqslant 30\%$。

因此本文的均值方差模型具体形式如下：

$$\begin{cases} \min \sigma_p^2 = X'\Omega X \\ R_p = X'R = \sum_{i=1}^{8} x_i r_i \\ 0 \leqslant x_i \leqslant 1 \\ x_1 + x_2 + x_3 + x_4 + x_5 \leqslant 30\% \end{cases}$$

其中，R_p 是年度投资收益率数值（扣除银行存款收益率后）得到，是该资产组合所期望达到的收益率数值；r_i 是每一类资产指数在样本考察期内的收益率数值。这两种收益率同时转换成月度年化收益率数值，以便进行统一分析。针对均值方差模型可以运用 matlab 中的二次规划 quadprog 函数进行求解，得到资产组合中各资产的权重以及资产组合的整体方差值。

由于不一定能够满足资产组合中各资产存在相同相关系数的条件，风险平价模型的求解需要用到序列二次规划算法，具体公式如下所示：

$$x^* = \mathrm{argmin} f(x)$$

$$f(x) = \sum_{i=1}^{8}\sum_{j=1}^{8}(TRC_{ij})^2 = \sum_{i=1}^{8}\sum_{j=1}^{8}(x_i(\Omega x)_i - x_j(\Omega x)_j)^2$$

$$\begin{cases} \sum_{i=1}^{8} x_i = 1 \\ 0 \leqslant x_i \leqslant 1 \\ x_1 + x_2 + x_3 + x_4 + x_5 \leqslant 30\% \end{cases}$$

当 $f(x^*)=0$ 时，求解得到的一组 x_i 值即为资产组合中各类资产的风险贡献度相等时，各类资产的配置权重。

3.2.3 数据结果分析

对样本期内 2007 年 1 月至 2017 年 6 月的资产收益率数据，通过应用风险平价模型和均值方差模型，得到了不同时期相应的资产配置组合。

图 3 - 8 和图 3 - 9 分别显示了，从 2007 年 4 月 ~ 2017 年 7 月（共对应 124 个月的数据；2007 年 4 月对应数字“1”，2017 年 7 月对应数字“124”，以此类推）的风险平价策略和均值方差策略下，证券投资基金、股票以及债券类资产在资产组合中的权重。

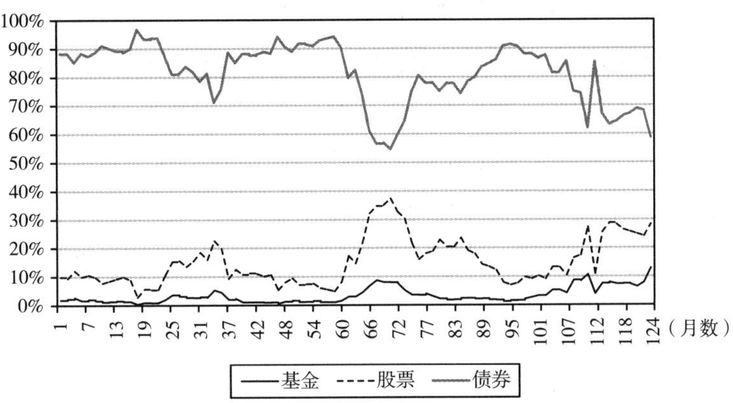

图 3－8　风险平价策略下资产大类的权重

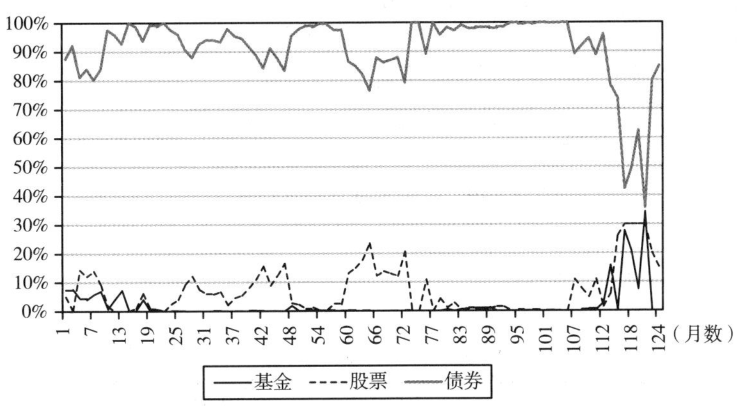

图 3－9　均值方差策略下资产大类的权重

图 3－8 表明，在风险平价模型下的资产组合中，证券投资基金的比重在 5% 左右波动；股票类资产的比重在 15% ~20% 的浮动区间内；债券类资产的比重在 80% 上下有一定的幅度波动，但总体较为平缓。配置权重突然出现较大幅度的变化也是由于受到了市场经济环境的冲击，如 2008 年初金融危机时，股票类资产的配置比例从 10% 以上下降到 5% 以内，而到了 2009 年，股票类资产的配置比例就又上升到了 15% 左右。

相比之下，图 3－9 中，均值方差策略下的资产组合中各类资产的波动性比较大，股票类资产的配置比例在 10% 左右，债券类资产的配置比例在 90%，而对于证券投资基金的投资比例微乎其微。初步探究产生此种情况的原因，应当是由于在运用均值方差策略时，受到资产组合的预期收益的约束条件，基于保险公司的历史投资收益数据给出了限制，同时模型中又纳入了各资产的历史收益率数值。当股票类资产的历史收益率为负值时，模型给出的结果就会降低股票类资产的配置比例。因此，各资产的权重配置受到历史收益率数据波动的影响很大。

图 3－10 和图 3－11 分别是两种策略下（RP 表示风险平价策略，MV 表示均值方差策略）的夏普比率比较和波动率比较。

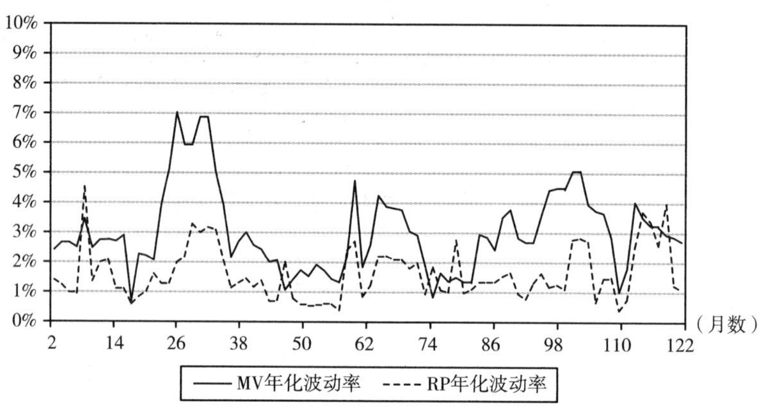

图 3－10　两种策略下的波动率比较

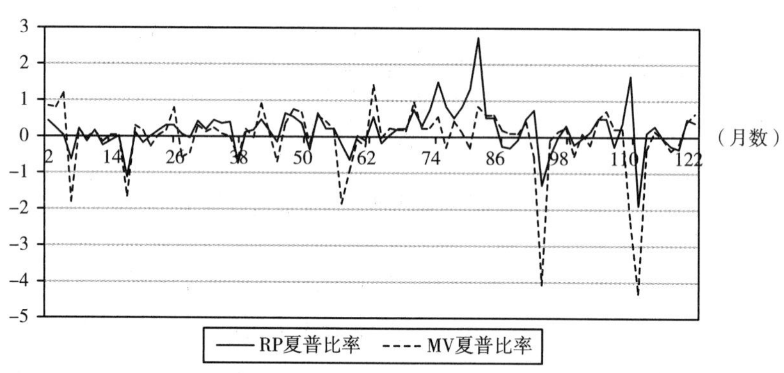

图 3－11　两种策略下的夏普比率比较

通过图 3－10 中的波动率曲线图可以发现，风险平价策略的组合年化波动率曲线基本位于均值方差组合的年化波动率曲线的下方，风险平价策略得到的资产组合的整体波动率小于均值方差组合的整体波动率，风险平价组合波动率的范围也小于均值方差组合的波动率范围。

根据图 3－11 中夏普比率曲线的比较可以发现，风险平价策略的夏普比率明显优于均值方差策略，表明风险平价组合每承受一单位风险，产生的超额报酬多于均值方差模型。尤其是当资产组合的收益率为负时，表明风险平价策略的资产组合每承担一部分风险，所受的损失更小，能够更合理地控制风险。同时，风险平价组合的夏普比率值较为稳定，没有过于明显的波动；而均值方差组合的夏普比率值则会出现比较大的波动，组合业绩表现不太稳定。

表 3 - 6 和表 3 - 7 选取了不同年份的四个时间段的八个资产配置组合。

表 3 - 6　　配置比例与风险贡献度比较：2008 年的两个组合　　（单位：%）

	2008.03				2008.06			
	风险平价组合		均值方差组合		风险平价组合		均值方差组合	
	配置比例	风险贡献度	配置比例	风险贡献度	配置比例	风险贡献度	配置比例	风险贡献度
1	6.31	12.5	7.19	48.63	1.97	12.5	0.04	3.95
2	1.19	12.5	0.00	0.00	0.36	12.5	0.06	6.46
3	1.13	12.5	0.00	0.00	0.31	12.5	0.00	0.00
4	1.11	12.5	0.00	0.00	0.30	12.5	6.09	23.70
5	1.07	12.5	0.00	0.00	0.31	12.5	0.02	2.70
6	43.99	12.5	92.81	51.37	78.90	12.5	54.53	47.03
7	23.54	12.5	0.00	0.00	11.43	12.5	3.06	2.98
8	21.66	12.5	0.00	0.00	6.42	12.5	36.20	13.18

表 3 - 7　　配置比例与风险贡献度比较：2016 年与 2017 年的两个组合　　（单位：%）

	2016.10				2017.07			
	风险平价组合		均值方差组合		风险平价组合		均值方差组合	
	配置比例	风险贡献度	配置比例	风险贡献度	配置比例	风险贡献度	配置比例	风险贡献度
1	10.59	12.5	3.70	27.33	12.86	12.5	5.51	28.31
2	4.74	12.5	0.51	3.77	5.96	12.5	3.21	16.49
3	4.18	12.5	3.02	22.31	2.69	12.5	0.00	0.00
4	3.69	12.5	0.00	0.00	2.65	12.5	0.00	0.00
5	3.16	12.5	0.00	0.00	2.98	12.5	0.00	0.00
6	35.59	12.5	88.73	43.61	35.78	12.5	79.88	47.90
7	23.92	12.5	4.04	2.98	21.07	12.5	10.70	5.50
8	14.13	12.5	0.00	0.00	16.01	12.5	0.70	1.80

表 3 - 6 中是 2008 年中两个不同月份的四个资产配置组合，列出了每一个资产组合中十类资产的配置比例和风险贡献度。风险平价策略得到的风险均衡组合，基于每一种资产对于整体组合的风险贡献度均等，因此将整体组合的风险分

散得比较均匀；而在均值方差组合中，会产生有些资产对整体组合风险零贡献的情况，即资产的配置权重为零，因此资产组合的风险很容易集中在某一类或某几类资产上。如 2008 年 3 月得到的均值方差组合，组合的风险就完全集中于证券投资基金和短期债券上，几乎各占组合整体风险的一半。2008 年 6 月的均值方差组合中，短期债券的风险贡献度近 50%。债券的风险虽小于股票，但在 2008 年的特殊时期，不同资产间的相关性上升，债券的风险敞口过大也会一定的隐患。

表 3-7 选取了非金融危机时期，2016 年 10 月以及 2017 年 7 月的两种资产配置模型下的组合配置情况。在非金融危机时期，风险平价模型中对于权益类资产的投资比例加大，对于债券类的资产权重有所减少。可以理解为，非金融时期，权益类资产的风险相比金融时期降低，所以可以相应增加权益类资产在资产组合中的权重。而在均值方差模型中，整体组合的风险仍然会集中在个别的几类资产上，导致风险敞口的暴露，风险没有能够被均衡地分散。随机选取了四个不同月份的资产组合配置情况进行重点说明，这并不是特例。由此可以得出，相较于均值方差模型得到的资产组合，风险平价组合中各资产的风险贡献度均衡，对风险的分散效果也更好。

3.3 讨　论

风险平价策略通过资产边际风险贡献的均衡配置，增加了单位风险收益较高的资产配置比例，从而提升组合的资金使用效率。从实证数据来看，债券长期风险溢价高于股票；但在中短期维度上，股票和债券风险溢价的相对强弱具有很大不确定性。在经济周期的不同阶段，宏观变量对底层资产的影响会相互抵消。通过检验发现，长期来看经济增长和通胀对不同大类资产的冲击的确有规律可循；但站在中短期维度来看，宏观变量与大类资产的关系变得更为复杂，其相关性水平波动幅度较大，并且频繁出现“同正同负”的情况。因此，本章的结论是风险平价策略是基于资产与宏观经济变量长期内在关系建立的，短期的市场波动不能作为评价该策略是否有效的标准。风险平价长期性的特点与保险资金相契合，但对于短期波动产生的影响，需要投资管理人通过完善配置方法和技巧加以改进与优化，例如加入投资组合动态波动控制。这样既考虑长期风险分散，又考虑短期风险控制才是比较完善的配置模型。

此外“股债双杀”的情形下，大类资产分散不能真正起到“风险分散”的作用，如果通过挖掘推动资产价格背后的风险因子，从“资产风险平价”转为“因子风险平价”，则能够起到更好的风险分散作用。

第 4 章

风险平价模型及其改进

上文对风险平价模型与其他资产配置模型进行了对比。本章将对模型进行进一步改进：

第一，通过改变协方差矩阵的预测方式，包括 EWMA 方法和 DCC - GARCH 模型。

第二，通过改变目标函数的方式，将用度量分散化程度的指标替代基准风险平价模型的目标函数，并且通过增加目标波动率的形式提升模型在国内的适用性。

第三，引入基于历史模拟法度量的 VaR 和 ES 值来管理组合风险，并通过配置组合在下行风险预算约束下的最分散化模型来管理组合风险。

第四，在基准风险平价模型的基础上引入择时观点，通过动态偏离中性基准的方法试图来实现投资组合收益的增强。

本文所使用的资产包括沪深 300 全收益指数（H00300. CSI）、中证 500 全收益指数（H00905. CSI）、中债国债总财富指数（038. CS）和中债信用债总财富指数（054. CS），回测区间选为 2009. 08. 10 ~ 2017. 08. 30，模型基于 T 日收盘后的市场信息作出配置决定并在 T + 1 日以收盘价进行仓位的调整，手续费用设置为单边 0. 1%。

4.1 从模型角度的改进

4.1.1 基准风险平价模型

通过使用过去 120 个交易日的收益率数据来估计协方差矩阵，并以此作为对未来一个月协方差矩阵的预测。本研究将设置两种形式的基准风险平价模型：第一种是定期再平衡策略，根据基准风险平价模型的计算结果在每个月月末确定下个月投资组合中各资产的比例并进行调仓；第二种是定幅度再平衡策略，设定了 5% 的调仓阈值，每日根据基准风险平价模型计算最新的权重，若最新权重与上次结果的总差异超过调仓阈值，则进行一次仓位调整。

表 4 - 1 和图 4 - 1 中展示了在两种方式下，基准风险平价模型的回测表现，可以看到定幅度调整的方式相对定期调整的模型在收益、收益风险比和收益回撤

比上都相对更有优势，且从换手率和调仓次数来看也是定幅度调整的方法更优。其主要原因是定幅度调整的方法降低了市场噪音的干扰。例如在市场相对平稳期，协方差矩阵整体的变动较小，此时最优的策略就是降低调仓的频率；而在市场波动相对剧烈期，协方差矩阵短期内可能变化巨大，此时最优的策略就是提高调仓的频率以降低未预测到的风险，而当固定调仓频率之后无法有效应对市场环境的快速变化，最终导致不但增加了换手频率同样还降低了模型的效率。

表 4－1　　基准风险平价模型的回测表现统计

策略名称	年化收益	波动率	收益风险比	最大回撤	收益回撤比	最长回撤持续期	换手率	总调仓次数
RP_STD	5.22%	2.13%	2.45	4.33%	1.21	325	62.98%	98
RP_STD_RANGE	5.36%	2.14%	2.51	4.34%	1.24	325	58.88%	68

注：（1）RP_STD：定期再平衡，使用过去 120 个交易日的数据估计方差－协方差矩阵，月末定期调仓；

（2）RP_STD_RANGE：定幅度再平衡，使用过去 120 个交易日的数据估计方差－协方差矩阵，固定 5% 幅度调仓。

数据来源：Wind。

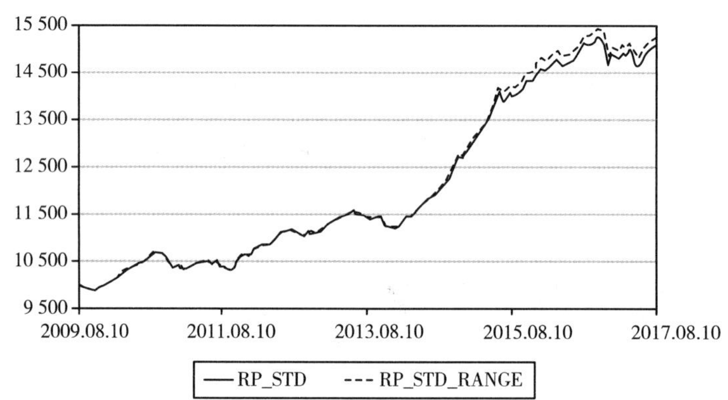

图 4－1　基准风险平价模型的回测净值走势图

资料来源：Wind。

4.1.2　改进一：改变协方差矩阵的预测方法

结合上文中提出的 EWMA 和多元 GARCH 方法的协方差矩阵预测模型，本部分尝试三种不同类型的协方差矩阵预测方法，并将其应用于风险平价模型当中。

这三种模式包括：

第一，EWMA 预测法。使用过去 240 个交易日的收益率数据用 EWMA 方法预测组合的协方差矩阵，并在月末定期调仓。

第二，改进的 EWMA 预测法。考虑到国内权益资产存在明显的波动率聚集性和非对称性，而债券类资产的并不存在明显非对称性，且两类资产的相关系数也并不存在明显的聚集性，因此使用 EWMA 方法对所有资产和相关系数进行刻画并不合适，所以只针对权益资产使用 EWMA 方法，而债券和相关系数矩阵的预测仍使用历史经验估计方法，最终得到改进的 EWMA 协方差矩阵，在此基础上结合风险平价模型，使用固定阈值法进行调仓。

第三，使用 DCC－GARCH 模型进行协方差矩阵的预测。考虑到多元 GARCH 模型需要估计的参数较多，而国内资产的历史数据较短，因此使用扩展的样本（最长 2 400 个交易日）对模型参数进行估计，并在月末进行定期调仓。

表 4－2 和图 4－2 展示了三种尝试改进方法下的回测结果。从回测结果来看，文中提出的三种协方差矩阵预测方法相对基准的经验协方差矩阵估计方法没有显著提升。从收益的角度，仅改进的 EWMA 方法与基准方法相当，而 EWMA 方法和 DCC－GARCH 方法的收益均有所下降；从波动和回撤控制的角度，EWMA 和 DCC－GARCH 方法的表现也表现一般；最后从换手的表现来看，EWMA 和 DCC－GARCH 模型显著提升了策略的换手率水平模型的显著提升了策略的换手率水平。

可以看到，几类基于协方差预测模型的风险平价策略在股票市场大幅上涨之前由于波动率的上升而较早离开了权益市场，未能完全享受到权益的上涨阶段，但在控制波动率方面做得不错，在权益下跌接近企稳阶段，由于波动率的下降，模型适时的加仓了权益。

表 4－2　　改变协方差预测方法后的策略回测表现统计

策略名称	年化收益	波动率	收益风险比	最大回撤	收益回撤比	最长回撤持续期	换手率	总调仓次数
RP_EWMA	4.92%	2.13%	2.31	4.48%	1.10	351	142.43%	98
RP_EWMA_IMP	5.23%	2.07%	2.53	4.30%	1.21	325	58.27%	74
RP_DCC_GARCH	4.94%	2.11%	2.35	4.87%	1.01	388	201.91%	98
RP_STD	5.22%	2.13%	2.45	4.33%	1.21	325	62.98%	98

资料来源：Wind。

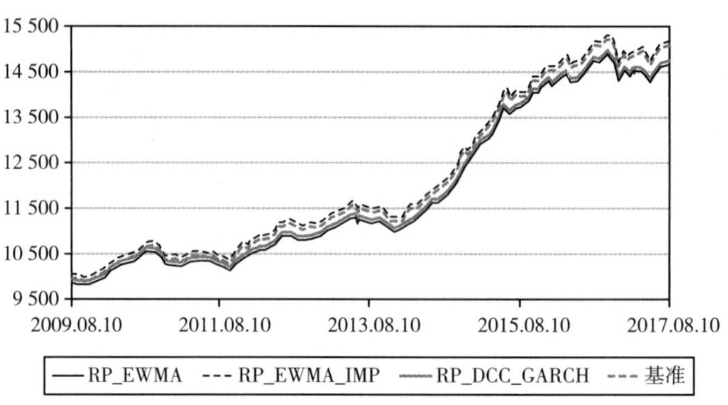

图 4-2　改变协方差预测方法后策略净值走势图

资料来源：Wind。

结合图 4-3 中 EWMA、DCC-GARCH 和基准模型在权益资产配置比例的动态变化图，可以发现，由于 EWMA 和 DCC-GARCH 方法更强调波动率在短期的动态性，因此对于波动率变化的敏感程度高，导致仓位的变动速度比传统方法更快，这也是两个模型换手率相对基准模型显著提升的关键原因。

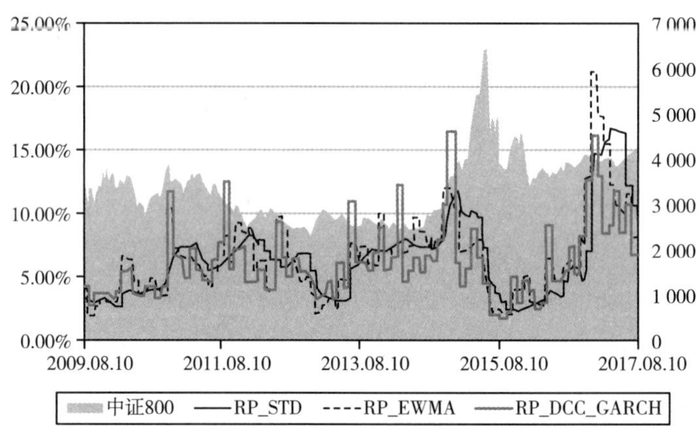

图 4-3　EWMA、DCC-GARCH 和基准模型权益资产配置比例动态变化图

资料来源：Wind。

从回测结果来看，通过更精细化的协方差矩阵预测方法并未能显著提升策略表现，关键原因在于两个方面：第一，不同类型资产的波动率特征并非相同。从表 4-3 中就可以看出国内股票、债券和商品指数的波动率非对称性存在显著的差异，所以用同样的波动率建模框架对所有资产波动率进行建模时存在较大的模型风险。第二，国内资产的历史数据较短，到 2009 年也仅有两年的数据，尤其是 DCC-GARCH 模型需要预估的参数众多，这就给建模估计参数带来了极大的困难。

表 4－3　　国内资产波动率非对称性效应的检验

	相关系数	回归系数	回归 T 值	回归 R^2
A 股	－14.60%	－0.1993	－1.83	2.1%
债券	19.38%	0.2827	2.44	3.8%
商品	2.71%	0.0305	0.34	0.1%

资料来源：Wind。

当然，这并非表明大量对协方差矩阵的预测模型在实践中没有价值，更应针对特定的配置资产，需要首先对单个资产的风险特征有足够的了解，针对不同类型的资产选择最合适的波动率刻画方法，最终形成适合相应资产组合的协方差矩阵估计预测方法。

4.1.3　改进二：非正态性假设下的风险平价

提升组合风险管理能力的途径有两种方式：一种是仍在资产收益率服从多元正态分布框架下，对协方差矩阵的估计和预测方法进行改进；另一种模式是放弃多元正态分布的假设，甚至不设定收益率服从固定的分布模式和协方差矩阵的动态演化框架，而重点关注资产的非正态特征及非线性相关性因素。第一种方法在上节已有详细描述，本节中将重点讨论第二种模式。

本部分将使用历史模拟法来计算投资组合的 VaR 和 ES 等组合尾部风险的关键指标，设置资产配置的目标函数为投资组合中各资产的在该风险度量指标下的风险贡献最分散化，同时约束投资组合整体的下行风险在 95% 置信水平下 VaR 值不超过 2.5%，ES 值不超过 4%。

表 4－4 和图 4－4 展示了两种下行风险度量指标下策略的回测结果。从收益角度，使用下行风险指标相对基准模型都有提示；从最大回撤控制表现来看，使用 VaR 指标能够显著降低组合的最大回撤。虽然两模型的换手率相对基准模型都有一定的提升，不过换手的提升处于可接受范围之内。

另外，通过比较 VaR 最分散化模型和基准风险平价模型对权益类资产的配置权重时间序列动态图，从图 4－5 可以看到两类模型提供的配置建议在部分时间段给出的建议一致，而在另一部分时间的建议则不同甚至反向，反映出通过基于历史模拟法的 VaR 方法在部分时间段显示出了跟协方差矩阵有较大差异的信息，且这种信息更多是以非线性非正态特征形式出现。

当前来看，虽然使用历史模拟法来进行处理仍存在理论性不足等缺陷，但是回测结果表明关注资产的非线性非正态特征是十分重要的。

表 4－4　　下行风险度量指标下最分散化策略的回测表现统计

策略名称	年化收益	波动率	收益风险比	最大回撤	收益回撤比	最长回撤持续期	换手率
RP_VaR_95%_2.5%	5.52%	1.76%	3.14	3.89%	1.42	283	110.34%
RP_ES_95%_4%	5.26%	1.94%	2.70	4.52%	1.16	282	87.33%
RP_STD	5.22%	2.13%	2.45	4.33%	1.21	325	62.98%

资料来源：Wind。

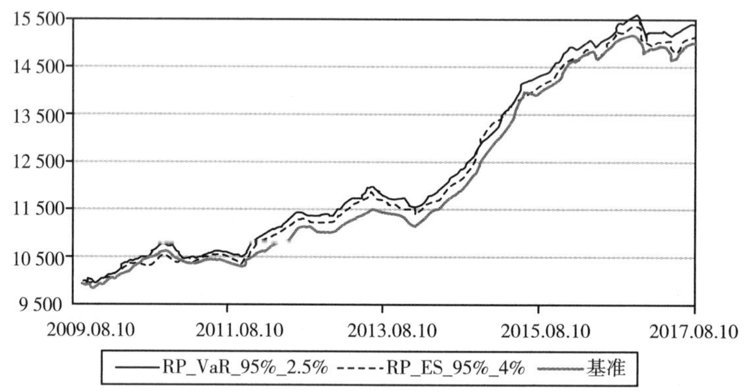

图 4－4　下行风险度量指标下最分散化策略的回测净值走势图

资料来源：Wind。

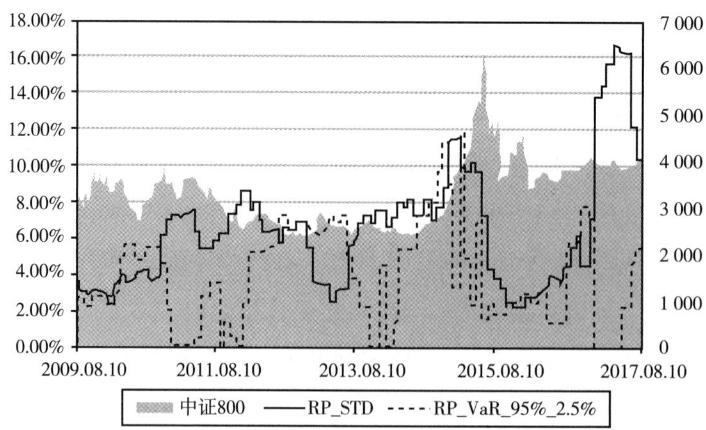

图 4－5　VaR 最分散化模型和基准模型权益资产配置比例动态变化图

资料来源：Wind。

4.1.4 改进三：改变风险平价模型的目标函数

(1) 多类型的分散化目标函数

接下来，将改进的方向转向配置模型的修改，具体来说是目标函数和约束条件的改变，通过将回测在上文中提出的三种组合分散化程度的度量指标作为目标函数，分别是赫芬达尔指数、基尼系数和香农熵指数，并且设置了3%的组合目标波动率，也就是所希望配置的投资组合波动率控制在3%附近。为了增加策略的实用性，在回测过程中对每个模型都添加了单次双边换手的上限，约束值为10%。

表4-5和图4-6展示了不同类型目标函数下投资组合的收益和风险表现。从收益的角度来看，使用赫芬达尔指数的回测结果表现最佳；从波动率的角度来看，三个目标函数下回测期内策略的波动率与目标波动率的要求基本一致。进一步从逐年的波动率来看，每年策略的波动率在3%±0.3%之间，可以看到策略表现依然十分稳健。从最大回撤的控制角度，赫芬达尔指数的表现同样最佳。从换手的角度来看，使用基尼系数和赫芬达尔指数作为目标函数的换手更低。

值得重点指出的是，通过约束投资组合目标波动率的方法，的确能够较好地控制投资组合在时间序列上的波动风险。作为对比，在2009~2017年这9年的回测区间内，基准风险平价模型的逐年波动率范围为1.43%~2.85%，波动区间较大，而最分散化模型下的组合波动率均在2.7%~3.3%之间。投资组合时间序列上波动率的稳定性，能够给管理人提供更为稳定的下行风险管理。

表4-5 3%目标波动率下不同最分散化模型的回测表现统计

策略名称	年化收益	波动率	收益风险比	最大回撤	收益回撤比	最长回撤持续期	换手率
RP_Hindex_3%	5.32%	3.04%	1.75	4.80%	1.11	263	98.94%
RP_Gini_3%	5.18%	3.06%	1.69	5.56%	0.93	330	97.97%
RP_Entropy_3%	5.06%	3.05%	1.66	5.53%	0.92	327	110.06%

资料来源：Wind。

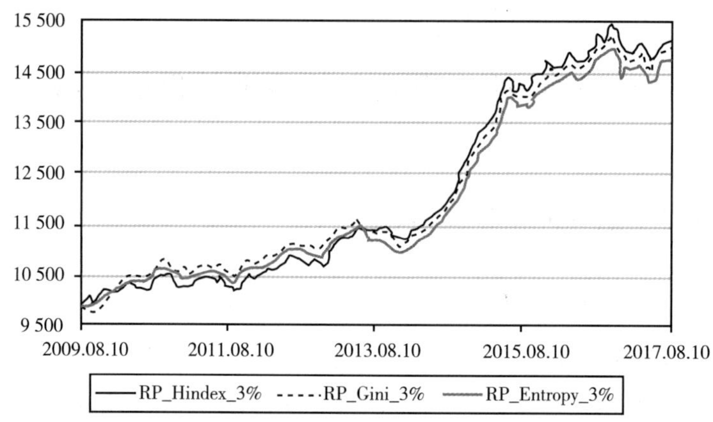

图 4 - 6　3%目标波动率下不同最分散化模型的回测净值走势图

资料来源：Wind。

在上述回测中，仍然是使用经验方差协方差矩阵的估计结果作为未来一个月协方差矩阵的预测。在实践当中，依然可以根据具体配置的资产标的，选择合适的协方差矩阵估计方法，进一步提升模型的风险管理能力。

（2）不同目标风险下的策略表现

在前文的模型介绍环节中发现，设置目标波动率方法的优势是针对不同风险偏好的投资者可以通过设定不同类型的风险目标来构建投资组合，且不需要通过加杠杆的形式来达到最终的目标风险要求。

本节将使用熵指数作为分散化程度的目标函数，设定 3%/5%/7% 的目标波动率作为约束条件，考虑到模型的实用性，设置了模型单次双边换手分别不超过 10%/30%/50% 的约束。

表 4 - 6 和图 4 - 7 分别展示了不同目标风险下投资组合的收益表现。可以看到随着目标波动率的提升，策略的年化收益也在逐步提升，但在此同时最大回撤和换手率也在逐步提升。值得注意的是，随着目标波动率的提升，策略的收益回撤比出现了一个先上升后下降的过程，尤其是在高目标波动率下策略的波动和回撤均较大（见图 4 - 8）。因此，如果要在高风险承受能力下提升策略的收益表现或者回撤大小，仅依赖风险控制的方式可能存在不足，此时择时的重要性才逐渐显现，具体的策略表现将在后文积极风险平价中详细讨论。

表 4-6　3%/5%/7%目标波动率下最分散化模型的回测表现统计

策略名称	年化收益	波动率	收益风险比	最大回撤	收益回撤比	最长回撤持续期	换手率
RP_Entropy_3%	5.06%	3.05%	1.66	5.53%	0.92	327	110.06%
RP_Entropy_5%	6.21%	5.09%	1.22	6.39%	0.97	392	161.81%
RP_Entropy_7%	6.99%	7.15%	0.98	10.48%	0.67	612	175.17%

资料来源：Wind。

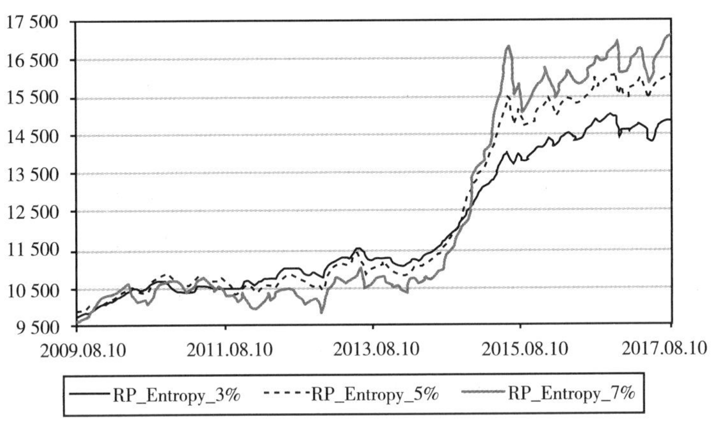

图 4-7　3%/5%/7%目标波动率下最分散化模型的回测净值走势图

资料来源：Wind。

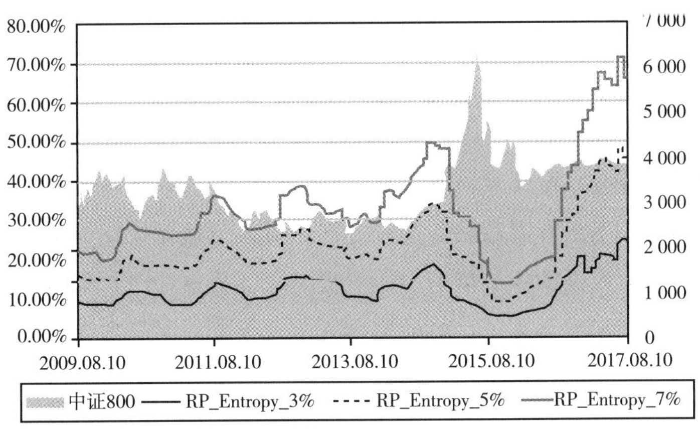

图 4-8　不同目标波动率下权益资产的配置比例动态变化图

资料来源：Wind。

4.1.5 改进四：积极风险平价

承接上文可以看出，在目标风险水平较高时，仅通过风险管理方法投资组合的收益和风险的回测表现都不尽如人意，因此在风险平价模型中适度引入择时观点来提升收益或许会是合适的选择。本部分将尝试两种方法来获取资产的预期收益，以构建积极风险平价模型。

第一种模型的核心思路是基于资产趋势。经过大量的回测检验研究发现，海内外大类资产均存在不同程度的时间序列动量效应，即资产在中短期的趋势存在一定的延续性，因此可以根据各资产过去中短期的表现来对未来月度收益进行预测。本文将使用各资产过去 6 个月的月度收益率均值作为未来月度收益率预测的参数输入 Black Litterman 模型中，以风险平价模型结果为基准进行动态偏离。

第二种模型的核心思路是针对各大类资产进行择时预测形成方向性判断，再以资产的波动性特征给出对应方向下的预期收益率观点，依次作为模型预期收益率向量的参数输入，本文中将针对沪深 300、中证 500、国债收益率和信用价差分别构建择时模型，对各指数下月的走势进行方向性的判断。进一步地，为了更好地跟上文中的最分散化模型进行对比，也设定了 3%/5%/7% 的目标波动率来形成不同的配置结果，与上文的最分散化模型类似，同样设置了对应的单次换手约束。

表 4－7 和图 4－9 分别展示了四个策略的回测统计结果和净值走势情形。可以看到无论是基于资产趋势还是基于综合择时模型，策略的收益相对基准模型都有提升，不过单纯基于资产趋势的模型仍面临较高的回撤风险。另外可以发现，在目标波动率较低时，基于择时策略和风险平价模型的表现差异较小；而随着目标波动率的提升，基于择时策略的配置方案相对最分散化模型的提升效果就明显提升，同时对最大回撤的控制能力也明显提升（见图 4－10）。但值得注意的是，同等目标波动率水平下，基于择时的策略方案换手率会明显高于纯粹基于风险视角的模型。

本节的回测结果在投资实践中有很强的指导意义，如果产品的目标风险较低时，选择纯粹基于风险视角进行资产配置性价比最高；而当产品的目标风险较高，投资者风险承受能力较强时，适当引入择时方法能够有效显著的提升组合的投资收益和回撤风险。

表 4－7　　积极风险平价模型的策略回测表现统计

策略名称	年化收益	波动率	收益风险比	最大回撤	收益回撤比	最长回撤持续期	换手率
RP_Active_Trend_3%	5.74%	4.12%	1.40	5.55%	1.03	312	109.74%
RP_Active_Timing_3%	6.48%	2.55%	2.54	3.87%	1.67	277	104.05%
RP_Active_Timing_5%	7.96%	4.46%	1.79	6.36%	1.25	285	251.16%
RP_Active_Timing_7%	9.91%	6.42%	1.54	7.12%	1.39	298	368.84%
RP_STD	5.22%	2.13%	2.45	4.33%	1.21	325	62.98%

资料来源：Wind。

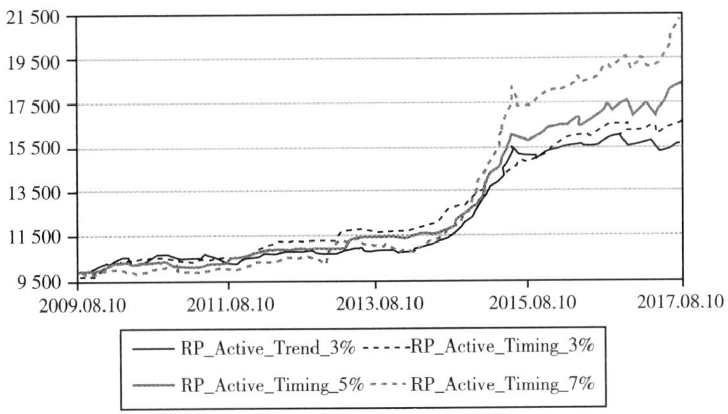

图 4－9　积极风险平价策略净值走势图

资料来源：Wind。

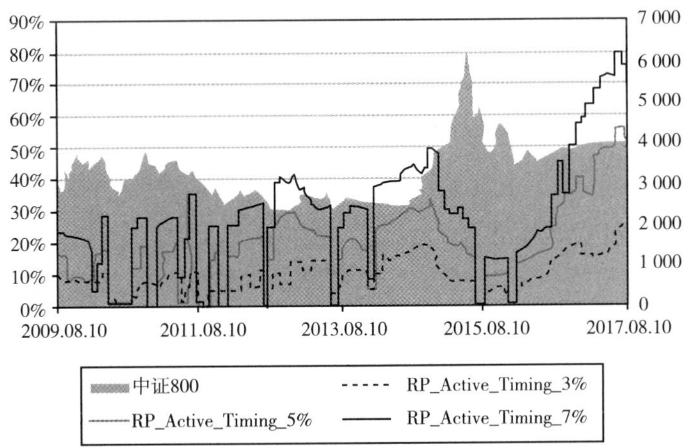

图 4－10　不同目标波动率下积极风险平价策略权益资产的配置比例动态变化图

资料来源：Wind。

4.1.6 小结

通过对基准风险平价模型及其四个维度的改进尝试，给出了每类方法的优缺点分析结果。从回测结果来看可以总结出以下三点经验：

第一，没有统一性的所谓最优的协方差矩阵估计预测方法，模型的好坏取决于选择的底层资产构成，不同类型的资产最适用的风险度量模型并不一定是一致的。

第二，描述刻画资产收益率的非正态非线性特征有利于更好地管理组合风险，从而达到有效管理投资组合下行风险的目标。

第三，风险平价模型解是最优解的前提是资产的夏普比率相接近，但从实践来看无论是长期还是短期，股票、债券和商品的夏普比都存在一定的差异，这也就给进行积极风险平价提供了经验基础。

不同类型风险平价策略优缺点见表 4-8。

表 4-8　　不同类型风险平价策略优缺点整理

方法类型	策略类型	优点	缺点
经验协方差矩阵	定期再平衡	简单而且方便，易于操作执行	回测结果受再平衡日期选取的影响，另外，历史方差-协方差矩阵估计的回溯时间长度选取具有一定的主观性
	定幅度再平衡	相对定期再平衡方法，换手率更低，且更贴近实际情况	方差-协方差矩阵的历史估计法同样存在缺陷
协方差矩阵预测	EWMA	抓住了资产收益率的聚集性特征，强调了短期波动性及相关性变动对未来短期的预测能力	股票类资产的波动率聚集性和非对称性更显著，而债券类资产的聚集性和非对称性较低，导致模型的刻画预测能力依然有限
	改进 EWMA	强调针对股票类资产使用 EWMA 方法建模预测波动率，其他则保持原有方法	该方法的经验性较强，缺乏一定的理论性
	DCC-GARCH	该方法的理论性较强，有统一的刻画方差-协方差矩阵的框架	模型需要估计的参数角度，因而在历史数据较少情形下估计误差会很大，同时模型的估计自身也相对复杂

续表

方法类型	策略类型	优点	缺点
非正态性假设	VaR	VaR 和 ES 等下行风险度量指标突破了方差－协方差的框架，尤其是使用历史模拟法时并不需要提前假设资产服从的多元分布，因而有更强的适用性	面临回溯期长度的确定问题，参数设置具有一定的经验性而理论性不足，未来可尝试 Copula－garch－VaR 等框架
	ES		
改变目标函数	Hindex	与风险平价标准模型中要求风险贡献与目标风险预算相等不同，使用 Hindex，Gini 和 Entropy 等刻画风险分散度的变量，目标函数单调性更好适合资产数量较多时的优化问题；除此之外，可以通过设定目标风险，在不加杠杆条件下确定分散化组合	并未解决方差－协方差矩阵的估计预测问题
	Gini		
	Entropy		
积极风险平价	资产趋势	海内外资产均存在一定的时间序列动量效应，引入趋势观点可以提升组合收益	单纯基于动量方法面临较大的尾部风险增加了投资组合的回撤风险
	资产择时	在战术层面确定大类资产的影响因素，并动态的对资产走势进行预测，在风险平价配置权重的比例上进行适当主动偏离获取更高收益，尤其是风险承受能力较高时资产择时的贡献会更大	由于统计数据的不足以及市场环境的结构性变化，会使得原有择时模型存在较大的模型风险

4.2 拓展底层资产维度

前文都是以股票和债券资产作为底层资产池，但从风险分散化的角度来看，仅包括股债两类资产投资组合的风险分散化能力是很有限的。例如，以在 2013 年年中以及 2017 年上半年，股债两类资产都出现同时走熊的状态，此时股债两类资产的相关性大幅走高，导致投资组合的风险并不能有效分散化。实际当中，可以采取两种模式来降低组合的风险：第一种，当可配置的资产数量较少时，无法通过充分的风险分散化来减低组合风险时，则需要通过必要的择时来降低组合的风险。第二种，可以通过配置更多低相关的资产来扩张投资组合的有效前沿，其核心逻辑是不同类型的资产或者策略长期能够带来正的风险溢价，这些资产或策略受宏观风险影响的方向是不同且分散化的，通过分散化配置的方式就可以降低单类资产或策略短期的下行风险。

在前文中，积极的风险平价方法实际上践行的是第一种模式，而本节中将重点讨论第二种模式的有效性，考虑到资产或策略的可交易性及市场容量，重点考虑两种另类资产——黄金现货和期货 CTA 交易策略。在下文中，通过将配置的资产从四类（沪深 300、中证 500、国债、信用债）扩张到五类，讨论增加底层资产之后对投资组合收益表现的影响。

4.2.1 黄金

一方面，如图 4-11 所示，以 2005 年为起点计算，黄金现货的年化收益率为 7.39%，年化波动率为 17.45%。整体而言，黄金的收益和波动水平均处于大类资产的中间水平。不过从收益风险比可以看出，无论是黄金还是其他商品指数，整体的收益风险比相对债券和股票资产较低，也反映出长期黄金资产提供的风险溢价能力的有限。

另一方面，可以观察黄金资产与沪深 300 指数、中债国债总财富指数的动态相关性。从图 4-12 中可以看到长期相关性基本维持在 ±10% 以内的水平，从风险分散化的角度来看，黄金现货的加入能够大概率地分散现有股债组合的投资风险。

进一步，可以从黄金走势的驱动因素来分析，黄金收益率的决定因素是美国的实际利率水平，可以看到黄金现货指数与美国 TIPS 10Y 指数之间两者间存在显著的负向关系。除此之外，黄金还受美国市场避险情绪和通胀预期的影响。因此，从风险分散化的角度来看，驱动黄金走势的宏观因素跟驱动国内股债资产的宏观因子相关性较低，使得黄金资产与股债资产长期的相关性较低。

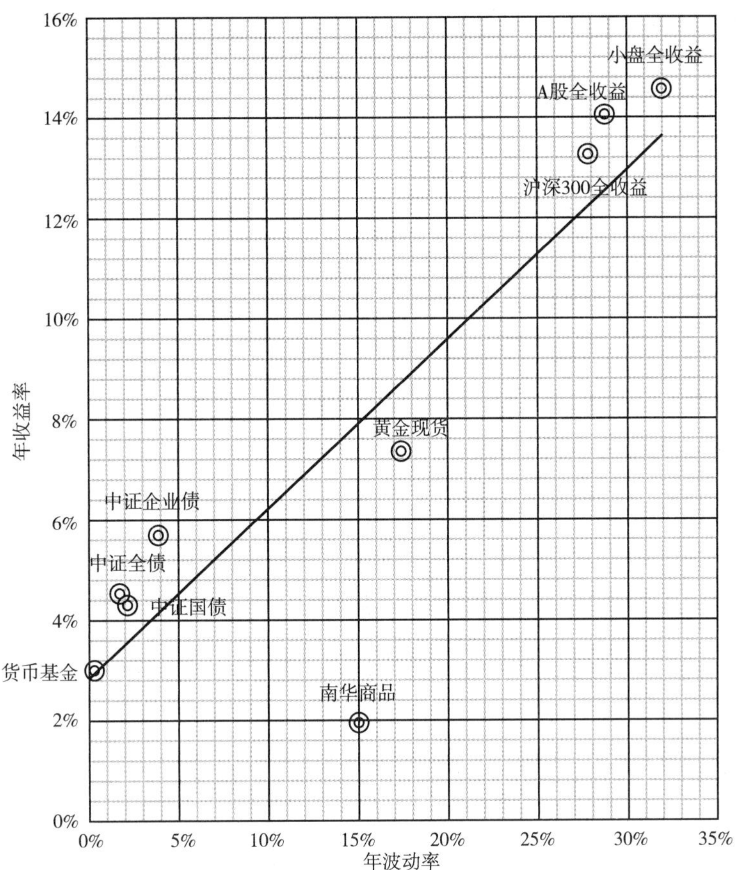

图 4-11　黄金现货与其他大类资产的收益风险比较

资料来源：Wind。

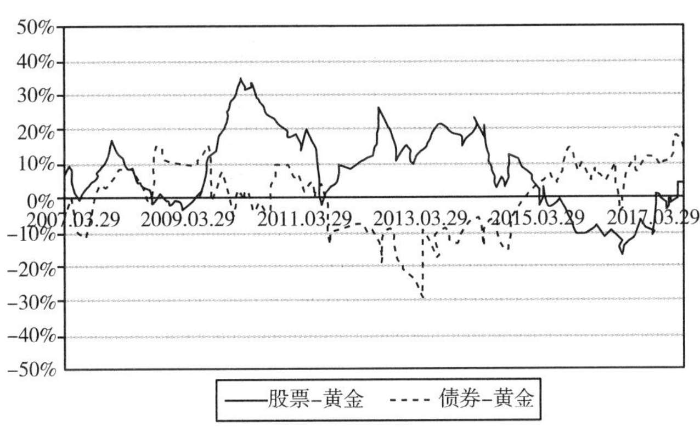

图 4-12　黄金现货与股债资产的动态相关性

注：图中使用过去 240 个交易日的对数收益率数据计算滚动的相关性。

资料来源：Wind。

4.2.2 商品 CTA

从前文分析可以看出，配置黄金的优势在于黄金现货与股债的相关性低，劣势在于长期的风险溢价较低。如果能够找到相关性低且风险溢价能力与股、债相当的资产或策略则最为理想，正是因为这个原因近年来 Smart Beta（另类 Beta）策略受到了资产配置领域的广泛关注。

一个典型的另类 Beta 策略是商品期货市场的 CTA 策略，以中证商品趋势指数作为 CTA 策略表现的代表。图 4-13 和表 4-9 展示了商品趋势策略长期的历史表现，在不加杠杆情形下策略表现稳健，且收益风险比较高。另外，从相关性角度可以看到，与 A 股的收益相关性不到 15%，与国债收益率相关性只有 -4%，与传统资产间存在明显的差异。

虽然当前市场并没有标准化的商品期货趋势跟踪产品，但大量的私募、公募专户机构提供的 CTA 策略都是以趋势跟踪为核心，不同机构采用的策略主要差异在于具体期货品种的选择、趋势信号和信号周期的使用、策略的风险管理等方面，但中证商品趋势指数可以作为商品趋势策略的一个比较基准。

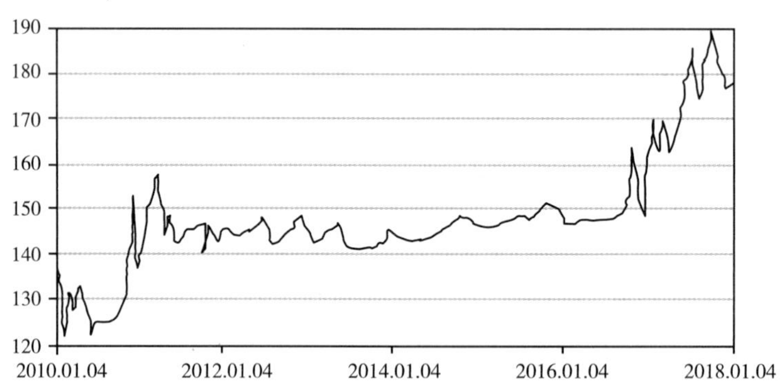

图 4-13　2010 年至今中证商品趋势指数历史表现

资料来源：Wind。

表 4-9　商品趋势指数历史表现统计

收益特征			
年化收益	年化波动	收益风险比	最大回撤
3.86%	7.69%	0.50	11.58%

续表

相关系数			
A股全收益	沪深300全收益	小盘全收益	中证全债
14.84%	17.90%	11.94%	-5.57%
中证国债	中证企业债	南华商品	黄金现货
-4.00%	-6.48%	60.76%	25.55%

资料来源：Wind。

4.2.3 另类资产对投资组合的贡献

在介绍完上述两种另类资产之后，我们尝试在基础资产池中添加另类资产来构建风险平价投资组合，观察另类资产的增加对投资组合收益表现的影响。具体来说，模型中考虑了两类策略：第一种情形下，增加了黄金现货资产，使用风险平价模型对五类资产进行配置并定期调仓，考虑到策略的实用性对黄金资产设置了20%的配置上限。第二种情形下，增加了商品趋势跟踪指数，并用类似的配置方法对五类资产进行配置，此处对另类资产设置了10%的配置比例上限。

表4-10和图4-14展示了两种情形下配置模型的回测表现。可以看到，在配置的资产池中加入另类资产之后，收益不会下降，尤其是如果配置CTA策略组合整体投资收益会上升；在此同时最大回撤也有明显降低，从基准模型的4.33%下降到4.05%和3.86%。这使得两个各类的收益回撤比相对基准模型都有上升，且最长回撤持续期进一步缩短。此处反映出风险分散化对组合投资的重要性。

具体从图4-14的策略净值走势图也可以看出，在传统资产的牛市期，基准模型的收益更高（例如图4-14中的2014年），但实质上承担的风险也更大，而在传统资产的熊市期，若未配置另类资产，基准模型的回撤会更大（例如图4-14中的2011~2013年）。

总结来说，配置黄金资产的优势是与传统股、债类资产相关性较低，具有进一步风险分散化的能力，但潜在的问题是机构存在配置约束，且黄金类资产从长期来看风险溢价较低，对组合的提升效果有限；配置商品CTA资产的优势是与传统股、债类资产相关性较低，具有进一步风险分散化的能力，同时商品市场风险因子长期存在正向风险溢价，对组合收益的提升和风险的管理都有正向贡献，但前者的问题是机构存在配置约束，且在短期内面临商品风险因子失效的风险。

表 4-10　　增加另类资产后策略回测的表现统计

策略名称	年化收益	波动率	收益风险比	最大回撤	收益回撤比	最长回撤持续期	换手率
RP_Extend_Gold	5.20%	2.20%	2.37	4.05%	1.28	254	69.71%
RP_Extend_Alter	5.39%	2.00%	2.70	3.86%	1.40	262	69.82%
RP_STD	5.22%	2.13%	2.45	4.33%	1.21	325	62.98%

资料来源：Wind。

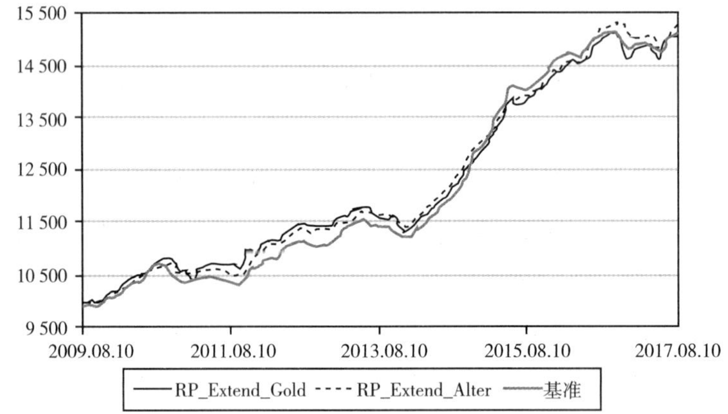

图 4-14　增加另类资产后策略的净值走势图

资料来源：Wind。

4.3 新资产维度下风险平价模型配置

4.3.1 新资产维度

国内权益与固收市场内部存在较为严重的同涨同跌现象，资产间的相关性较高，例如不同行业的股票存在较高的同步性。即使在固收与权益大类资产之间，近年来也频繁发生“股债双杀”的风险事件。因此，如果仅仅局限于传统资产配置，往往风险分散效果不尽如人意，很难在本质上显著提升风险调整后收益。如图4-15所示，近年来，基于风格或风险因子投资的新资产维度逐渐兴起，风格或风险因子是推动资产价格变化的内在因素，在传统大类资产的基础上配置具有长期溢价的风格因子组合，如动量、价值、波动因子等，可以进一步实现投资组合的风险分散，提升风险溢价水平。

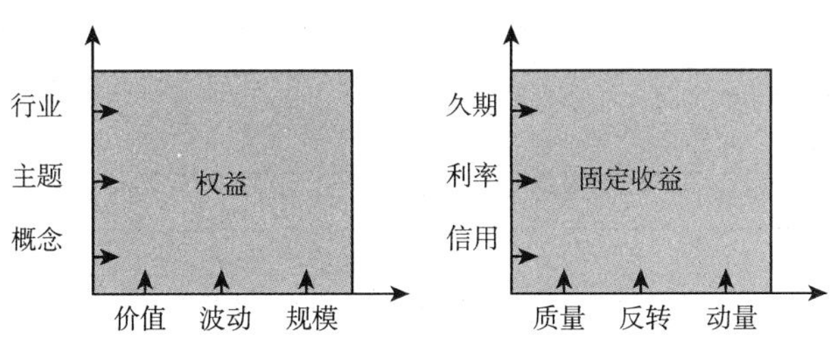

图4-15　不同的维度下的资产类别划分

为了前瞻性探索基于新型因子资产维度下的大类配置的可能性及配置效果，本章将对权益因子、固收因子以及基于这些因子的风险平价配置方法开展研究。

4.3.2　权益因子资产的构建

在权益市场方面，以FAMA-FRENCH三因子模型为基础衍生出了丰富的因子模型，这些模型可以归结为财务类如BP、PE、ROE、分红等；技术类如动量、反转、beta、波动率等；规模类如市值等。不同的因子在不同的经济情形以及不同的市场环境中表现各异。考虑到保险资金的市场容量以及风险偏好，本研究将采用MSCI A股Smart Beta因子，具体细分为规模、价值、成长、红利、低波动五类。

图4-16为自2008年因子指数发布以来的净值曲线。从图中可以看出，从长期来看，价值、高分红、质量、低波动和规模指数均能超越沪深300指数。其中，低波动指数相对沪深300指数具有较高的超额收益。质量指数在前几年表现较为一般，但近一年具有较好的表现。不同的因子收益随着市场风格的轮动而变化。

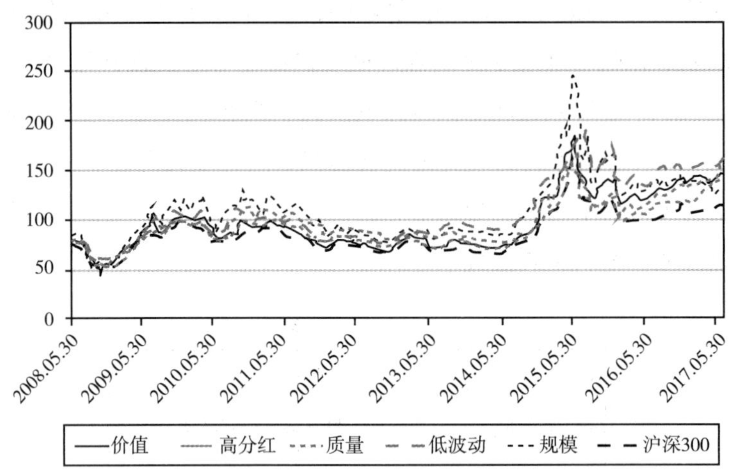

图 4－16　风格因子指数与沪深 300 指数对比

数据来源：MSCI。

表 4－11 总结了自 2008 年以来各风格因子指数逐年的超额收益。在所选的五种指数中，价值指数的超额收益具有更好的稳定性，除了在 2010 年以及 2017 年至今跑输市场之外，其他年份均具有超额收益。规模指数具有较大的波动性，在 2009 年、2010 年、2013 年以及 2015 年具有非常可观的超额收益，但是在 2011 年、2012 年、2014 年、2016 年以及 2017 年也较大程度地输给了沪深 300 指数。

表 4－11　风格因子指数相对沪深 300 的分年超额收益　（单位：%）

	价值	高分红	质量	低波动	规模
2008	1.19	0.69	0.57	4.92	2.93
2009	6.35	7.66	2.62	－6.51	20.72
2010	－2.53	－3.65	19.00	9.81	13.63
2011	2.88	9.03	0.56	0.16	－7.20
2012	1.23	－3.50	－6.64	－6.58	－5.39
2013	0.43	－0.57	2.83	18.34	8.60
2014	11.42	－3.93	－40.86	－6.38	－10.47
2015	3.11	1.66	17.75	14.55	20.88
2016	5.39	11.19	4.18	－3.02	－8.15
2017	－0.83	10.89	14.40	－4.61	－13.72

表 4－12 总结了各指数的年化收益与波动情况。从表中可以看出，各风格指数的年化收益均超越沪深 300，低波动指数与高分红指数年化收益最高，规模指数较低。由于 A 股市场的高相关性，各指数的波动均与沪深 300 较为接近。考虑收益/风险比，各因子指数的收益/风险比均优于沪深 300，进一步表明了配置风格指数较市场指数的优势。

表 4－12　　风格因子指数与沪深 300 的收益波动比较

	价值	高分红	质量	低波动	规模	沪深 300
年化收益	7.80%	8.13%	7.42%	8.28%	7.23%	5.46%
年化波动	26.26%	25.26%	25.94%	25.73%	28.71%	26.67%
收益/风险比	0.30	0.32	0.29	0.32	0.25	0.20

4.3.3　固收因子资产的构建

在固收市场方面，传统的固收因子主要为信用与期限等，用于描述债券的等级与期限。在此基础上，参考权益资产的技术因子，还可构建动量与波动因子。信用因子主要通过对债务人信用风险暴露获得风险溢价，期限因子主要通过对资产久期风险暴露获得风险溢价。由于固收资产的复杂性，本研究主要通过中债债券系列指数构建所述的固收因子。

图 4－17 总结了上述的 4 种固收因子自 2010 年以来的净值曲线。图中显示，从长期来看，动量、高波动、信用、期限因子均能超越中债总财富指数。自 2010 年以来，动量因子表现最佳；而信用因子表现同样较好且波动较小。高波动与期限因子走势较为相似，在 2013 年下半年以及 2016 年下半年发生较大回撤。相较于权益资产因子，固收资产因子的收益更加稳定；不同于权益市场上的反转效应，固收资产的动量效应较为明显。

表 4－13 进一步总结了各因子的年化收益与波动情况。从表中可以看出，各因子的年化收益均超越中债总财富指数，动量与信用因子的年化收益最高。在波动层面，动量、高波动与期限因子的波动率较高。考虑收益/波动比，动量与信用的收益波动比好于中债总财富指数，但高波动与期限的收益/波动比低于中债总财富指数。

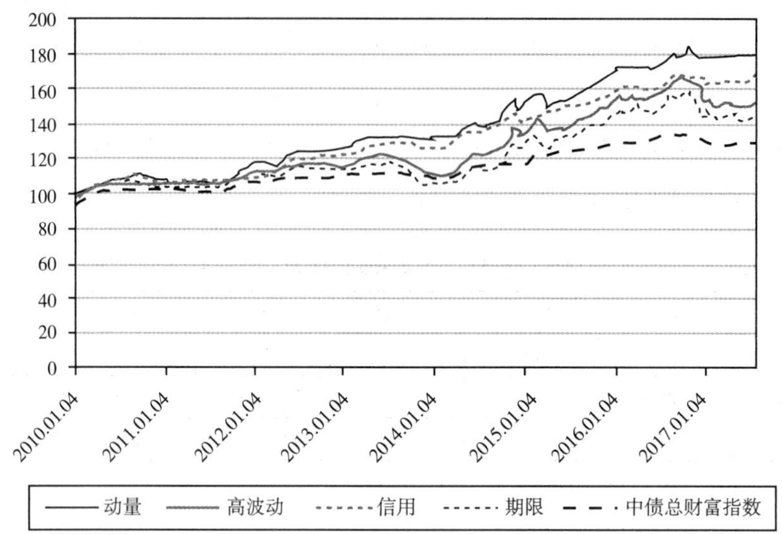

图 4－17　债券因子指数与中债总财富指数对比

表 4－13　　固收因子指数与中债总财富指数的收益波动比较

	动量	高波动	信用	期限	中债总财富指数
年化收益	8.19%	5.92%	7.18%	4.97%	3.71%
年化波动	2.98%	3.95%	1.45%	4.77%	1.79%
收益/波动比	2.74	1.49	4.96	1.04	2.07

4.3.4　新型资产的风险平价配置

通过对权益以及固收因子资产的研究可以看出，无论在权益还是固收资产中，通过配置新型因子资产，从长期来看可以获得高于传统市场基准的超额收益。此外，因子是对大类资产风险驱动因素的进一步细分，因子配置策略比资产本身的配置策略有更好的风险分散效果。

通过对传统大类资产进行风险因子拆分，可以将大类资产风险平价配置策略转化为风险或风格因子平价配置策略，实现风险因子的均衡，从而达到更好的分散效果。因子平价配置框架如图 4－18 所示。

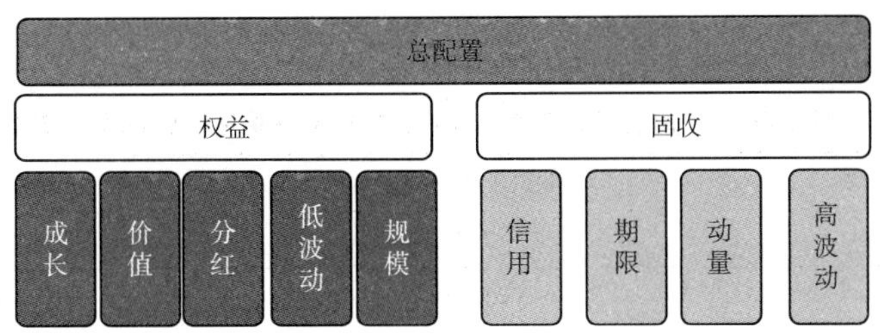

图 4－18　基于因子资产的风险平价配置结构

因子平价模型分为两层，在细分资产层面，首先对代表权益资产的五个权益因子进行风险平价配置，同时对代表固收资产的四个固收因子进行风险平价配置，分别得到权益因子风险平价组合以及固收因子风险平价组合，在此基础上，进一步对权益组合与固收组合进行风险平价配置，从而在大类资产层面实现风险平价配置。

通过对图 4－19 所示的权益因子资产进行风险平价配置，所得到的投资组合收益如图 4－20 所示。从图中可以看出，通过因子风险平价配置后得到的投资组合优于沪深 300 指数。自 2008 年至今，投资组合年化收益为 7.78%，高于同期沪深 300 的 5.46%。与此同时，波动率略有下降，从 26.7% 降至 25.7%。收益/风险比也从沪深 300 的 0.2 提高到权益风险平价配置的 0.3。

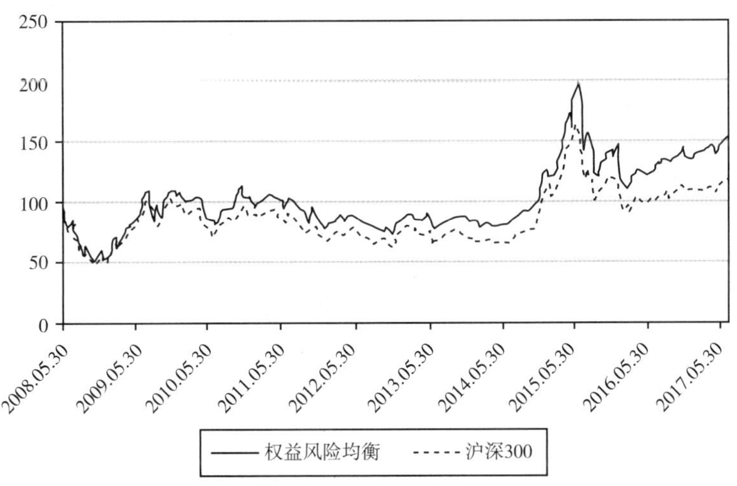

图 4－19　风险平价配置后的因子投资组合与沪深 300 指数的净值比较

对比表 4－14 与表 4－15 可以发现，风险平价配置后的因子资产组合相较于单因子，其收益与风险均处于中间水平。如表 4－15 所示，该组合年化超额收益相较于单因子更加稳定，避免集中暴露于单一风险。

表 4 - 14　风险平价配置后的因子投资组合与沪深 300 指数的收益波动比较

	因子风险平价	沪深 300
年化收益	7.78%	5.46%
年化波动	25.68%	26.67%
收益/风险比	0.30	0.20

表 4 - 15　风险平价配置后的因子投资组合超额收益

2008	2009	2010	2011	2012	2013	2014	2015	2016	2017
3.60%	-1.18%	6.16%	0.18%	-1.84%	4.45%	-3.03%	-0.66%	10.84%	1.63%

在固收因子层面，通过对图 4 - 17 所示的固收因子资产进行风险平价配置，所得到的投资组合收益如图 4 - 20 所示。从图中可以看出，通过风险平价配置后得到的投资组合优于中债总财富指数。从 2010 年至今，投资组合年化收益为 6.88%，远高于同期中债总财富指数的 3.71%。由于配置了高波动等因子，波动率略有提升，从 1.79% 升至 2.31%。收益/风险比从中债总财富指数的 2.07 提高到固收风险平价配置的 2.98。

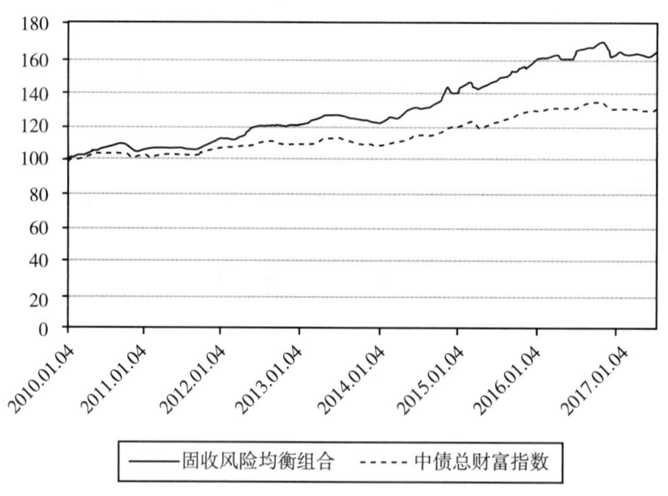

图 4 - 20　风险平价配置后的固收投资组合与中债总财富指数的净值比较

对比表 4 - 16 与表 4 - 14，相较于权益因子资产，固收因子组合所得到的年化收益略低，但波动率远低于权益资产，因此有着更好的风险收益比，更适合保险资金特别是寿险久期长、风险控制要求较高的资金进行配置。

表 4 - 16　风险平价配置后的固收因子组合与中债总财富指数的收益波动比较

	固收因子风险平价	中债总财富指数
年化收益	6.88%	3.71%
年化波动	2.31%	1.79%
收益/波动比	2.98	2.07

图 4 - 21 展示了基于权益因子和固收因子的风险平价策略与传统的权益和固收资产风险平价策略的比较。传统风险平价策略以沪深 300 和中债总财富指数分别作为权益和固收的基准。可以看出，基于因子资产的配置方法优于基于传统宽基指数的配置方法。基于因子的配置年化收益达 7.61%，优于传统资产配置（年化收益 4.64%）。在风险方面，基于因子的配置策略波动率为 3.20%，略高于传统资产配置的 2.38%。综合考虑收益风险比，基于因子的配置为 2.38，高于传统资产的 1.85。

表 4 - 17　因子大类资产与传统大类资产风险平价配置的收益波动比较

	因子大类资产风险平价	传统大类资产风险平价
年化收益	7.61%	4.39%
年化波动	3.20%	2.38%
收益/风险比	2.38	1.85

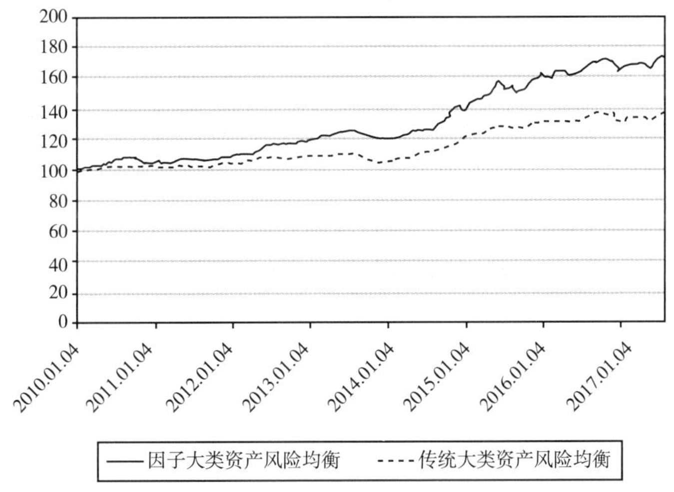

图 4 - 21　因子大类资产风险平价投资组合与传统大类资产风险平价组合对比

图 4 - 22 展示了因子配置和传统资产配置策略的比例，两种配置的趋势基本

一致。由于权益因子资产的波动率略微低于沪深 300 指数，而固收因子资产的收益率略微高于中债总财富指数，因此基于因子的风险平价配置中，权益占比略高于其在传统资产风险平价中的配置。

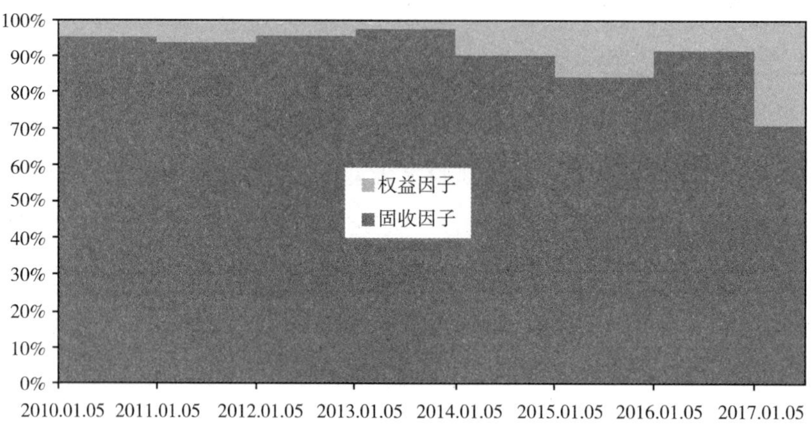

（a）因子大类资产

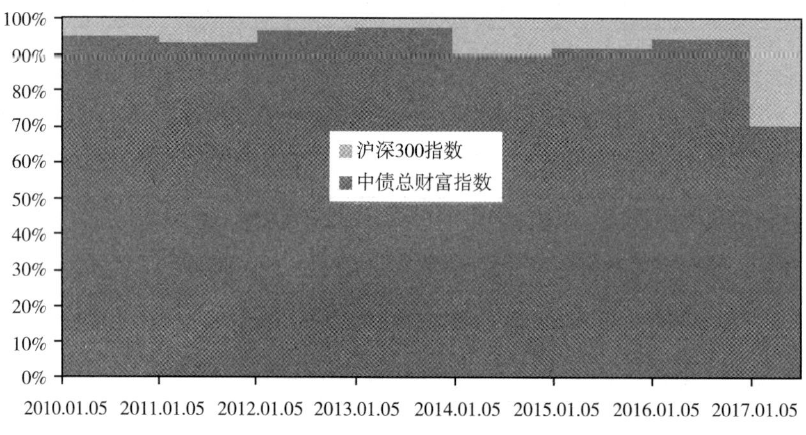

（b）传统大类资产

图 4－22　风险平价配置比例变化

4.3.5　讨论

本章的研究基于因子投资方法将传统资产价格背后的风险驱动因子进行细分，并通过风险平价方法，将投资组合动态暴露在不同细分风险因子中，实现资产配置在风险因子层面的均衡。在新型的因子资产维度下，因子资产较传统资产具有更高的收益风险比率，基于因子维度的资产配置具有更高的收益以及收益风险比。虽然，基于因子的投资组合波动率比传统配置略高 0.45%，但其总体波动依然较低，适合对风险控制要求较高的保险资产配置要求。

从投资可操作性角度看，目前权益投资中，因子的配置实现已经较为方便，国内外各指数公司包括中证、MSCI 与富时均推出了较为完整的权益因子指数，通过跟踪这些指数实现因子投资组合的构建已经有较为完善的解决方案。然而，由于流动性以及市场容量等一系列问题，固收因子资产的构建尚处于研究阶段，无论是中债总财富指数还是本研究中所构建的固收因子指数尚不具有可投资性。虽然市场上也存在部分针对不同债券品种的被动型基金，其针对不同的风险特性的区分度尚不完全满足因子投资的需求。因此，固收市场的因子投资方法还有待逐步的成熟。

在风险平价模型方面，由于保险资金的风险偏好要求以及投资限制，风险平价模型本身并不能完全发挥其效用。一方面来自于其杠杆比例的限制，债券的投资比例相较于国外仍然较低，实现利率风险与经济增长风险的完全对冲只能通过降低对经济增长风险的暴露（配置较低的权益），而不能通过增加利率风险暴露实现（通过杠杆配置更高的固收），从而降低了投资组合收益。另一方面，国内市场权益与债券收益率的负相关性并不明显，特别是在 2013 年的下半年以及 2016 年底发生权益与固收收益同时下跌的“股债双杀”现象，造成投资组合发生较大的回撤，基于利率风险与经济增长风险相互对冲为假设的风险平价模型在这一时期发生失效。

在前一章中的研究中，相较于均值方差模型对收益风险水平的选择与优化，风险平价模型本身并不对资产本身的未来走势进行假设。本章中提高投资组合收益的方法来自于提升资产本身的收益风险比，即选择更优质的资产提升整体收益。在因子投资维度下，通过被动投资于 SmartBeta 因子指数而不依赖于主动管理等方法，不但其容量适用于保险大资金的配置，管理费用也更加低廉，因此是一种值得未来深入探索的新型投资途径。

第 5 章

财务口径下的风险平价模型

5.1 新会计准则对财务投资收益的影响

保险资金的资产配置存在多元化目标，资产配置的方案往往需要满足资本需求、资产负债匹配、大类资产比例的监管要求等多种目标和要求；同时，在公允价值和财务口径下，均需要在充分分散风险的前提下获取相对高的收益。本文第 3 章基于新资产维度下的风险平价模型，给出了公允价值口径下的大类资产配置建议，获取了较高的收益风险比。本章则着眼于财务口径，希望通过风险平价模型的应用和资产维度的拓展，在不影响公允价值收益与风险的同时，寻找到能够更好地满足财务口径下收益与风险目标的大类资产配置。

在财务口径下，不同会计类别的资产有着不同的收益确认规则。虽然会计分类无法改变资产的收益和风险特征，但部分资产通过适当的会计处理，其资产价格波动对利润造成的影响可以被平滑，从而这类资产在财务口径下的波动将有所降低。在目前现行的会计准则下，金融资产主要分为持有至到期资产（以下简称“HTM”）、贷款和应收资产（以下简称“LR”）、交易类资产（以下简称“TR”）和可供出售类资产（以下简称“AFS”）。对于股票、基金等高收益资产，价格（公允价值）波动较大，在公允价值口径下，属于高收益高风险资产，而在财务口径下，大多数公司倾向于将其分类为 AFS，考虑到的是其公允价值变动不计入当期损益，因此对财务波动影响不大。而财务口径下真正的高风险资产（TR 类金融资产）普遍占比不大，因此财务波动可以获得有效控制。

在即将实施的 IFRS9[①] 会计准则下，金融资产基于合同现金流量特征及业务模式被重新分类为三类，分别是以摊余成本计价的金融资产（以下简称“AC”）、以公允价值计价且变动计入其他综合收益的金融资产（以下简称“FVOCI”）和

① 2017 年 3 月 31 日，财政部修订发布金融工具相关企业会计准则（以下简称“新会计准则”），包括《企业会计准则第 22 号——金融工具确认与计量》《企业会计准则第 23 号——金融资产转移》和《企业会计准则第 24 号——套期保值》。这些新金融工具准则与《国际财务报告准则第 9 号——金融工具》（以下简称“IFRS9”）趋同，堪称中国版的 IFRS9。

以公允价值计价且变动计入当期损益的金融资产（以下简称“FVPL”）。与现行的会计准则下宽松的金融资产分类标准不同，新会计准则下对于金融资产的分类标准存在严格要求。同时满足业务模式和现金流量特征上的要求，才能分类为 AC 类或 FVOCI 类，否则必须分类为 FVPL 类，即公允价值变动都将计入当期损益。

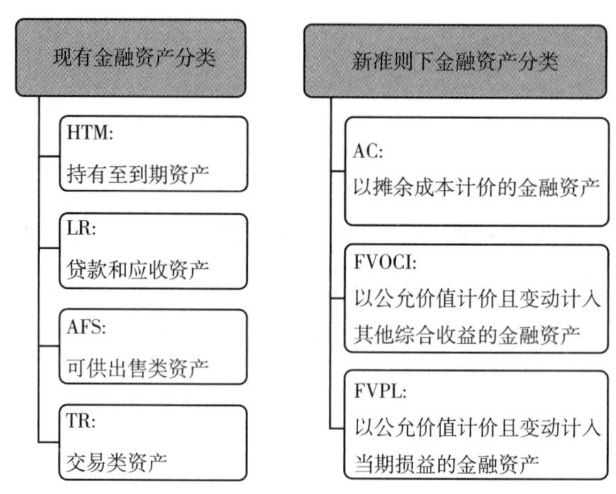

图 5－1　新旧会计准则下的金融资产分类

在新会计准则的标准下，绝大多数基金、净值型另类产品、嵌入衍生品的金融产品、通不过 SPPI 现金流测试的债权类资产都将分类为 FVPL；同时，考虑到 FVOCI 权益类资产的买卖价差永久性不能进入利润表，大量股票也将分类为 FVPL。这些资产一旦公允价值发生波动，将直接影响损益。因此，预计在新会计准则下，保险公司财务波动将不可避免的出现大幅增长。那么，在 IFRS9 下严格控制财务波动，同时保证一定水平的财务投资收益率，成为保险公司必须面临的一项重要课题。

5.2　新会计准则下投资收益风险控制

合理设置财务收益风险偏好将是保险公司迎接新会计准则的首要工作。在现有会计准则下，众多保险公司的财务口径下投资收益风险偏低，风险偏好也维持在较低水平。在新会计准则下，保险公司可基于资产和负债特性，重新评估财务收益要求和风险承受能力，适度调整风险偏好。

限制FVPL类资产比例是控制财务波动的有效途径。通过将高波动、长久期的债权类资产分类为AC或FVOCI类别，或是将部分高分红的权益类资产分类为FVOCI类别，大量减少资产价格波动对财务口径下投资收益的影响，使得财务波动维持在较低水平。同时，着眼于长期票息和股息收入而非短期价格波动，符合保险资金的长期性特点，更加有助于保险公司更好地服务于实体经济。因此，保险公司可以考虑将永续债等固定收益类资产和高分红的蓝筹股、长期股权投资、优先股等权益类资产归类为FVOCI的行列。

投资组合多元化是分散风险的有效途径。保险公司可通过拓宽投资渠道，不断发掘新的资产大类以分散市场风险。

5.3 考虑新的会计分类后的风险平价模型

在保险公司的实际投资过程中，会计分类准则对大类资产配置具有一定影响。本节将把金融资产的会计分类与大类资产配置相结合，在前文对权益以及债权因子的风险平价模型研究基础上，进一步优化新会计准则下的风险平价模型，不仅在公允价值口径下确保较高收益，控制风险，同时进一步优化财务口径下的收益与波动率。

基于权益以及债权因子资产的风险平价模型测算结果显示，在公允价值口径下，模型回测结果为预期收益7.61%，年化波动率3.2%。若所有资产均为FVPL类，则财务口径下收益与公允价值口径收益相同。若该结果不能满足保险公司财务口径下波动率要求，或者公司希望进一步提升财务稳定性，则需要将一部分股息/票息较高的资产分类为FVOCI类，降低财务收益波动率。

考虑到权益资产中的高分红因子能够提供持续稳定的股息收益和较好的财务投资收益，本文将该因子类别资产归类为FVOCI，其他因子资产因分红水平不稳定，投资收益主要来自于股票价格变化，更适合归类为FVPL类。

表 5-1 各风格因子指数分红水平比较

	价值	高分红	质量	低波动	规模
年化分红水平	2.12%	3.02%	1.77%	1.55%	1.08%
分红水平波动	0.49%	0.72%	0.45%	0.26%	0.14%

债权类资产可提供稳定票息，但高波动因子和期限因子对应资产的价格波动较大，导致公允收益波动率较大，可考虑划为 FVOCI 类。重新分类以后，各大类因子的会计分类见表 5-2。

表 5-2 各风格因子资产会计分类建议

权益类因子	会计分类	债权类因子	会计分类
价值因子	FVPL	动量	FVPL
高分红因子	FVOCI	高波动	FVOCI
质量因子	FVPL	信用	FVPL
低波动因子	FVPL	期限	FVOCI
规模因子	FVPL		

在会计分类确定以后，基于第 2 章介绍的风险平价模型，测算了组合整体的财务收益与波动水平，并同时列示了公允价值口径的收益与波动率作为参考。其中，通过合理的会计分类，权益类资产在财务口径下的波动率得到了一定控制（见表 5-3）。

表 5-3 权益类资产两个口径下收益与风险

	财务口径	公允价值口径
年化收益	6.73%	7.79%
年化波动	20.62%	25.70%

债权类资产的结果列示在表 5-4 中，可以看到财务口径下的波动率控制效果更为明显。

表 5-4 债权类资产两个口径下收益与风险

	财务口径	公允价值口径
年化收益	6.46%	6.88%
年化波动	1.17%	2.31%

从整体资产的收益波动来看，经过会计分类调整，风险平价配置后的因子投资组合在财务口径下的波动率得到了有效控制，财务稳定性得到一定保证（见表 5 -5）。

表 5 -5 投资组合在两种口径下的收益与风险

	财务口径	公允价值口径
收益率	6.92%	7.61%
波动率	2.20%	3.20%

5.4 考虑恒生高股息因子后的风险平价模型

为有效降低财务收益的波动，需要在会计上将 AC/FVOCI 类资产和 FV-PL 类资产进行区分。收益主要来自股息/票息的资产适合归类为 AC/FVOCI 类，收益主要来自价格收益的资产更适合归类为 FVPL 类。目前，在权益投资中，MSCI 等指数公司推出的高分红因子指数所代表的高分红股票有助于保险公司实现 FVOCI 类权益的配置，是权益类资产配置中财务收益的主要贡献者。但考虑到目前国内 A 股市场股息率、分红率相比海外成熟市场处于较低水平，这将使得红利对财务收益率的贡献有限。数据显示，过去近 10 年间 MSCI A 股高分红因子指数的分红水平仅 3.02%。放眼整个 A 股市场，2016 年 A 股股息率为 0.51%，明显低于港股的 2.02% 和美股的 1.85%；A 股上市公司平均分红率也较低，2016 年 A 股平均分红率为 35%，而同期港股和美股平均分红率分别为 51.6%、82.0%。因此，在海外市场寻找高分红股票并在会计上计为 FVOCI 类，也是保险机构和风险平价模型可进一步研究的课题。

本文选择了港股高股息因子指数，使得总投资组合在提供稳定财务投资收益的同时，通过资产多元化进一步降低财务风险。表 5 -6 展示了 A 股与 H 股高分红因子指数的比较。

表5-6　　A股与H股高分红因子指数分红水平比较

	A股高分红	恒生高股息率
年化分红水平	3.02%	5.24%
分红水平波动	0.72%	1.03%

图5-2为自2008年以来恒生指数、恒生国企指数以及恒生高股息指数的净值曲线。从图中可以看出，从长期来看，高股息率指数超越恒生指数和恒生国企指数。

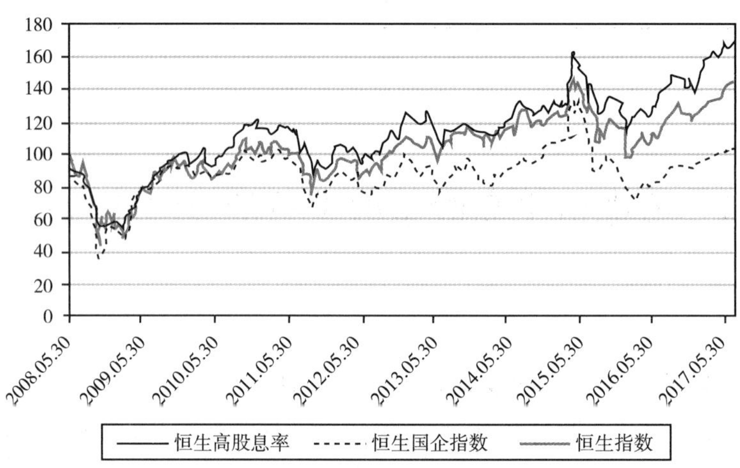

图5-2　恒生高股息因子与大盘指数净值曲线

数据来源：Wind。

从表5-7可以看出，恒生高股息率指数相比港股大盘指数（恒生指数、恒生国企指数）提供了更稳定的额外收益，且分红水平更高。本文将恒生高股息率指数作为FVOCI类资产加入到资产组合中（见图5-3），获取一部分海外宏观风险和收益，利用风险平价模型实现各种风险的均衡，同时提升资产整体的财务收益和风险比。

表5-7　恒生高股息率与恒生指数、恒生国企指数的年化收益和分红水平比较

	恒生高股息率	恒生指数	恒生国企指数
年化收益	7.94%	7.33%	5.34%
年化波动	19.68%	24.64%	30.86%
收益/风险比	0.40	0.30	0.17
年化分红水平	5.24%	3.62%	3.62%
年化分红水平波动	1.03%	0.76%	1.18%

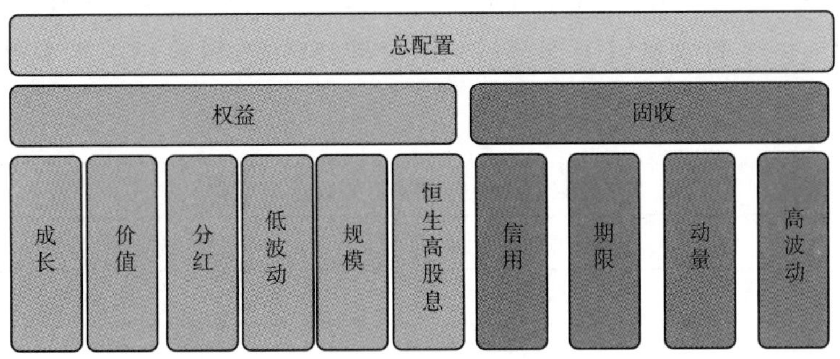

图 5－3　考虑恒生高股息因子后的资产配置

本文在应用风险平价模型的过程中以公允价值收益和风险作为首要优化目标，模型依然分为两层，先对下层的六大权益因子资产和四大固收因子资产分别进行风险平价配置，然后进一步对权益组合和固收组合进行平价配置。权益因子经过优化配置后，财务收益波动从 20.62% 下降到 16.29%（见表 5－8），同时公允收益的波动也从 25.68% 下降到 22.60%（见表 5－9）。由于风险的下降，收益/风险比普遍得到提升，在财务口径下，收益/风险比从 0.33 提升到 0.39，在公允价值口径下，收益/风险比从 0.30 提升到 0.34。

表 5－8　　权益类资产财务口径下收益与风险

	考虑恒生高股息因子后的平价策略	考虑恒生高股息因子前的平价策略
年化收益	6.36%	6.73%
年化波动	16.29%	20.62%
收益/风险比	0.39	0.33

表 5－9　　权益类资产公允价值口径下收益与风险

	考虑恒生高股息因子后的平价策略	考虑恒生高股息因子前的平价策略
年化收益	7.67%	7.78%
年化波动	22.60%	25.68%
收益/风险比	0.34	0.30

相较于权益因子资产，固收因子组合所得到的年化收益略低，但波动率却远低于权益资产，有着更好的风险收益比，因此将固收类资产与权益类资

产进行整体层面的风险平价配置后，组合整体风险有了大幅下降。在财务口径下，考虑恒生高股息因子资产后，组合整体收益/风险比从3.1提升到3.4（见表5-10）。

表5-10　　投资组合在财务口径下的收益与风险

	考虑恒生高股息因子后	考虑恒生高股息因子前
收益率	6.90%	6.92%
波动率	2.01%	2.20%
收益/风险比	3.4	3.1

公允价值口径下，资产的多元化分散了权益风险，资产配置实现了风险的进一步优化（见表5-11）。考虑恒生高股息指数后，年化收益率变动不大（见图5-4），同时年化波动率略有下降，收益/风险比稳定在2.4左右。

表5-11　　投资组合在公允价值口径下的收益与风险

	考虑恒生高股息因子后	考虑恒生高股息因子前
收益率	7.62%	7.61%
波动率	3.13%	3.20%
收益/风险比	2.4	2.4

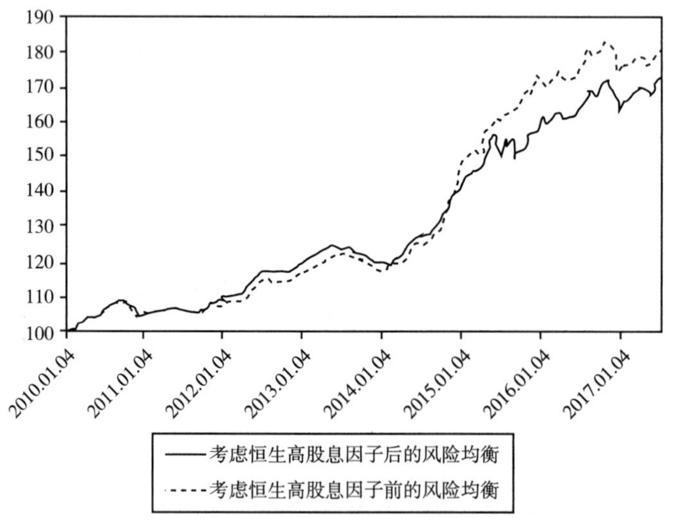

图5-4　考虑恒生高股息因子前后的风险平价配置的净值比较

5.5 讨　论

在新会计准则下，由于大量资产将被迫分类为 FVPL 类，其公允价值波动将直接影响财务收益，因此短期内保险公司财务收益波动加大将是必然结果，保险公司需要调整财务收益风险偏好，加强组合管理和大类资产配置，迎接会计准则变更对保险业投资端带来的挑战。

本部分采用新资产维度下的风险平价模型，将公允价值收益和风险作为首要优化目标，将财务收益和风险作为次要目标，次要目标的实现主要依靠会计分类的约束和资产类别的扩充，从而为保险资金配置提供了满足两种口径下的收益风险要求的有效建议。一方面，本文根据财务收益和风险特性为各大类资产针对性地进行了会计分类，配置了一定数量的 FVOCI 资产；另一方面，本文探索了在权益类因子中引入恒生高股息因子指数，在有效提升财务收益的同时，加强了投资组合的多元化，进一步分散了市场风险。风险平价模型有效控制了保险公司的财务收益的波动，同时公允价值收益和风险也保持了稳定。

对于保险资金中流动性强的资本市场资产，风险平价模型提供的配置建议有效平衡了财务和公允价值口径的收益与风险。考虑到保险资金的长期性和巨大体量，还有相当一部分保险资金投资于非资本市场或是低流动性资产，例如不动产、长期股权投资等资产类别。这些资产在新会计准则下有着与传统债权资产和公开市场股票不同的风险和收益特征，在投资组合中能够提供积极的风险分散作用。但由于其收益和风险数据较为缺乏，风险平价模型无法很好刻画其真正的市场风险，也未能对这类资产的配置提供建议，这也是保险资产配置未来需要进一步研究的方向。

第 6 章

资产负债管理框架下的风险平价模型研究

6.1 保险资金资产负债匹配管理

近些年来，随着保险资金运用规模迅速增长、资金运用渠道持续拓宽、保险产品不断推陈出新，国内保险行业出现了一些依赖销售高现价产品冲规模的现象，并且“短钱长配”和“长钱短配”两个矛盾同时存在，由此形成的成本收益不匹配、期限结构不匹配可能蕴含了较大的行业风险，因而加强保险资金资产负债匹配管理的任务迫在眉睫。段国圣、李斯和高志强（2011）曾提出，良好的资产负债状态是保险公司生存与可持续性发展的基石，作为指导保险经营活动的基本原则，树立正确的管理理念并构建一套合理的资产负债匹配管理模式，是支持我国保险业在复杂的风险环境中高速稳健成长、避免由于资产负债错配导致行业系统性风险的根本保障。站在当前时点来看，借鉴国内外资产负债匹配管理的研究成果和实践经验，积极探索适合保险资金运用管理实践的资产负债匹配管理模式显得越来越重要。下面将对资产负债匹配管理的相关理论等内容进行介绍，为下一步风险平价模型与资产负债匹配管理互相结合提供理论基础。

6.1.1 资产负债匹配管理的重要性

保险公司是一种以“收入在前、成本在后”为经营特征的“负债经营型”金融机构。保险公司进行产品销售时要先收取一定的保费，然后将不同投保人的保费汇集起来开展投资，当保单约定的事件在未来某时刻发生时，保险公司有义务将保单约定的利益支付给投保人。因此，保险公司的经营可以从两个角度来看：从负债端看，收取保费并承担保险责任；从资产端看，进行资金运用并获得投资收益。

资产端与负债端的匹配管理对保险公司而言是非常重要并且必要的，是保险公司进行持续经营的重要保障。保险公司销售保险产品并获得保费的过程，实质上可以看作发行一种类似债券的负债工具，然后通过在资本市场上对资金进行合理配置，使得投资回报能够提供足够的现金流以满足合同约定的支付需求。因此，保险公司的资产与负债之间存在非常紧密的联系，尤其是对同时驱动二者变化的风险因子的敏感性很高，比如利率因素。当资产端与负债端的不匹配程度较高时，往往蕴含着较大的系统性风险，是保险公司的主要风险来源，历史上日本和韩国都曾由此引发保险公司破产潮。

从国内保险行业现状来看，随着我国人均 GDP 超过 8 000 美元，居民对保险的需求迅速扩张，保险资金运用规模迅猛增长，同时投资渠道也呈现多元化，但是国内保险公司的资产负债匹配管理体系尚不成熟，资产端与负债端的矛盾较为突出。陈文辉（2016）指出“短钱长配”与“长钱短配”两种现象同时存在，“长钱短配”带来了再投资风险，“短钱长配”带来了流动性风险。这种资产负债错配可能蕴含了较大的潜在风险，因此原中国保监会发布了《保险资产负债管理监管规则（1－5 号）》，同时对保险公司开展资产负债管理能力试评估和量化评估测试工作，以完善保险公司的资产负债管理体系，防范资产负债错配带来的风险。

6.1.2 资产负债管理理念的发展

保险资产负债匹配管理理念最初由英国公平人寿保险协会的 William Morgan 提出，认为保险机构需要保持充足准备金以覆盖未来的负债，同时还需要结转盈余保证金，并对利润来源进行分类度量。虽然该观点尚未明确涉及资产负债匹配的概念，但其中已经隐含了资产和负债需要统一协调的构想，是资产负债匹配管理理念的萌芽。

在 20 世纪 70 年代高利率环境下，现金流匹配策略（Dedication Strategy）是保险和年金进行资产负债匹配管理的主流方法。现金流匹配要求对每一笔现金流流出所对应的负债，都需要有一笔现金流流入所对应的资产，即通过资产的现金流完全复制负债的现金流以实现资产负债匹配。在高利率环境下，固定收益类资产的到期收益率普遍较高，出于锁定资产端高额回报的目的，现金流匹配成为当时资产负债匹配管理的流行策略。

在 20 世纪 80 年代，免疫策略逐渐开始取代现金流匹配成为资产负债匹配管理的主流方法。免疫理论（Immunization Strategy）由 Redington 在 1952 年提出，认为保险公司可以通过令资产久期与负债久期形成一种匹配关系，降低利率波动对经济盈余的负面影响。如果通过构建资产组合，使得资产久期等于负债久期，那么利率变动对盈余的影响将会大幅减轻甚至消除。随着市场利率水平见顶回落，越来越多的发行人赎回了在高利率时期发行的债券，这一行为严重影响了资产端的现金流特征和到期期限，给免疫和现金流匹配策略的执行带来了挑战。Leibowitz and Weinberger（1982）提出了应急免疫策略（Contingent Immunization），是一种兼有被动和主动因素的资产负债匹配管理方法。当资产组合的价值低于事先确定的触发点时，积极的债券组合管理策略将立即停止，并进入免疫策略模式。该方法的好处在于既追求积极管理带来的收益最大化，又通过免疫策略控制了组合的下行风险。

在 20 世纪 90 年代，资产负债匹配的管理理念逐渐让位于以盈余优化为目标的配置理念，大量配置权益类资产，这种行为也为后来一些企业在互联网泡沫破灭过程中出现技术性破产埋下了伏笔。1985 年，美国财务会计准则委员会发布了对年金的会计核算方法，其中规定如果年金资产的投资收益超过预定利率，则可以将差异部分计入年金收益，从而提高企业的净利润。也就是说，年金投资的业绩表现会影响企业的利润表。为了追求企业利润最大化，很多企业将这种预定利率作为年金资产的门槛收益率（Hurdle Rate），对资产收益率的关注程度逐渐超越了对负债匹配的关注程度。在 20 世纪 80 年代末期，随着利率逐渐走低，到期资金的再投资收益率也明显下降，但预定利率仍维持在 8% 左右（Ryan，2013），这一矛盾促使市场机构开始采用盈余优化策略替代过去的现金流匹配策略和免疫策略。由于股票的长期投资回报率远高于债券，盈余优化策略更加偏好配置股票，而且美国股市表现也起到了推波助澜的作用，标普 500 指数在 20 世纪 90 年代期间的平均涨幅超过 17%。采用盈余优化策略的年金获得了更高的资产投资收益率，这又促使更多的年金转向盈余优化策略并增加股票配置。这一景象随着美国互联网泡沫破灭戛然而止，标普 500 指数暴跌近 50%，很多企业年金的提存比率（Funding Ratio）迅速恶化，甚至由此引发了一些企业的技术性破产。

经过吸取教训，进入 21 世纪后，市场重新回归对资产负债管理的关注，负债驱动投资（Liability - driven Investing，LDI）的方法得到广泛应用，资产负债匹配管理理念逐渐焕发出新的活力。Fabozzi and Ryan（2005）提出，对于不同的年金计划，由于其负债特征各不相同，应该先按照负债特征构建个性化的负债指数，以此作为年金计划的投资基准，并按照该指数构建负债贝塔投资组合（Liability Beta Portfolio)，这一过程充分地体现了负债驱动投资（LDI）的思想。随着 LDI 理念的推广，Adler（2009）发现大约一半的美国企业年金正在使用或考虑使用负债驱动的投资策略。法国北方高等商学院（EDHEC Business School）在 2014 年对欧洲企业年金的一项问卷调查显示，近 80% 的受访者已经熟知 LDI 的投资理念。

6.1.3 基于 LDI 的资产负债匹配管理理论

正如上节所述，进入 21 世纪以后，经过互联网泡沫的冲击，市场重新回归对资产负债管理的关注，资产负债匹配管理经历了由盈余优化策略向负债驱动投资（LDI）模式的演变。

盈余优化策略是一类从投资端视角出发的资产负债匹配方法。基本思想为：在资产配置过程中，进行优化的对象主要是公司盈余，即所有者权益，而非保险公司的总投资资产，因而投资组合的风险不再是资产组合的波动率或下方风险，而是投资收益是否满足负债端给付要求的风险，即盈余的波动率或下方风险。资产配置方法方面，盈余优化的量化模型从投资组合全局角度出发，可视为对经典 Markowitz 模型的扩展，将投资资产与负债一并视为一个多空投资组合，负债相当于固定权重（负债规模/资产规模）的卖空资产。盈余优化策略在应用实践中具有较高的实用性，一般的资产配置方法均可由此转化为资产负债匹配的管理，适用于对负债特性精确度刻画要求不高的情形。

盈余优化模型具有简洁的形式，但各投资资产在资产负债管理中的定位无法明确体现，特别是资产负债匹配程度的刻画简化为波动率或市场风险，可能无法满足更细致复杂的管理要求。特别当保险公司选择其他维度刻画资产负债匹配程度时，盈余优化模式难以进行相应调整，灵活性显得较为不足。相比而言，负债驱动投资（Liability Driven Investment，LDI）形式的管理模式具备更佳的适应性。

负债驱动投资框架下，资产配置问题被分解两个子问题：一是与负债端密切相关的利率风险管理；二是投资收益的最大化。目前市场机构的主流做法是针对两个目标分别进行资产配置测算，再通过资产负债管理策略合并成整体投资组合。具体而言，首要目标是保证资产负债的匹配性，即通过构造一个负债对冲组合（Liability Hedging Portfolio）实现。该组合定义为免疫负债的最佳组合，目标为对冲或降低负债的主要风险，与负债具有高相关性。实践中可以根据公司的资产负债管理理念，挑选具有匹配负债性质的资产。如在会计报表口径下，负债对冲资产是可提供稳定当期财务投资收益的资产，在市场一致性口径下是与负债具有高相关性或相同风险因子的资产。第二个目标是为公司赚取利差，即通过构造一个以追求收益最大化为目标的组合（Performance Seeking Portfolio）来实现。该组合定义为提升盈余的最佳组合，目标为满足目标收益需求或获取超额收益，具有较高的收益风险比。此外，用于获取收益的资产配置结构与负债特性无关，可相对独立进行决定。实践中可以运用各种配置方法构建组合，包括以均值方差为代表的组合优化、侧重风险的风险预算、基于对资产收益来源进行量化剖析的因子配置等主流方法论。

学术研究方面，负债驱动投资理念与盈余优化方法有着密切联系。根据引入负债的基金分离定理，基于对盈余或提存比率（Funding Ratio）的最优无约束资产配置，可分解为两个相对独立的组合，即 LHP 组合和 PSP 组合。

假设有 N 种可投资的风险资产，r 是无风险利率，S_t 表示风险资产价格向量，B_t 表示无风险资产价格，则资产价格具有以下形式：

$$dS_t = diag(S_t)[(r1 + \sigma_s'\lambda_s)dt + \sigma_s'dz_t]$$

$$\frac{dB_t}{B_t} = rdt$$

其中，λ_s 是风险资产的单位风险溢价向量，σ_s 是风险资产的波动率矩阵。

对于负债组合价值，具有以下形式：

$$dL_t = L_t[\mu_L dt + \sigma_L'dz_t]$$

令 w_t 为风险资产的配置权重，那么给定 w_t，资产组合价值具有以下形式：

$$dA_t = A_t[(r + w_s'\sigma_L'\lambda_s)dt + w_s'\sigma_s'dz_t]$$

同时，投资者具有如下常相对风险厌恶效用函数（Constant Relative Risk Aversion）：

$$U(x)=\frac{x^{1-\gamma}}{1-\gamma}$$

其中，γ 是相对风险厌恶系数。

那么，保险公司的资产负债匹配管理问题将转化为以下优化问题：

$$\max_{w} E\left\{U\left(\frac{A_T}{L_T}\right)\right\}$$

该问题具有如下形式的最优解[①]：

$$w=\frac{\lambda_{PSP}}{\gamma\sigma_{PSP}}W_{PSP}+\left(1-\frac{1}{\gamma}\right)\beta_{LHP}W_{LHP}$$

这两个组合的权重分别为：

$$W_{LHP}=\frac{\sum^{-1}\sum_{AL}}{1'\sum^{-1}\sum_{AL}}$$

$$W_{PSP}=\frac{\sum^{-1}\mu}{1'\sum^{-1}\mu}$$

其中，W_{LHP}是 LHP 组合的配置比例，该组合是与负债相关性最高的组合；W_{PSP}是 PSP 组合的配置比例，该组合是经典有效前沿理论中的无约束最优组合；γ 是投资者的风险厌恶系数；β_{LHP}是负债相对于 LHP 组合的贝塔值；λ_{PSP}是 PSP 组合的夏普比率；σ_{PSP}是 PSP 组合的波动率。

由于负债型资金的运用具有最低保底收益要求，Martellini 和 Milhau（2010）进一步证明了在对提存比率增加短期下限约束条件的情况下，连续时间情形同样可以得到与静态情形类似的基金分离定理，即以下最优化问题：

$$\begin{cases}\max\limits_{w} E\left\{U\left(\frac{A_T}{L_T}\right)\right\}\\ \text{s. t.}\quad A_t\geqslant kL_t\end{cases}$$

其中，A_T 是资产价值，L_T 是负债价值，$U(\cdot)$是效用函数，k 是最小的提存比率。

① 具体过程详见 Cox and Huang（1989），以及 Badaoui，Deguest，Martellini and Mihau（2014）。

该问题具有如下形式的最优解：

$$w_t = \frac{\lambda_{PSP,t}}{\gamma\sigma_{PSP,t}}\left\{1 - p_t\frac{F_t}{A_t}\right\}W_{PSP,t} + \left\{1 - \frac{1}{\gamma}\left[1 - p_t\frac{F_t}{A_t}\right]\right\}\beta_{LHP}w_{LHP}$$

其中，$F_t = kL_T$，表示可接受的最低价值。可以发现，该问题的解与不考虑最低保底收益形式的解具有相似的形式。

基金分离定理为负债驱动投资范式提供了理论基础，以匹配负债为目标的组合与以追求收益最大化为目标的组合各司其职，共同组成整体的投资资产组合。

6.1.4 基于资产负债匹配的资产配置策略

保险资金在资产负债匹配管理实践方面，可以基于资产负债匹配管理技术制定相应的投资策略，例如久期匹配策略、现金流匹配策略、动态财务优化策略等。

(1) 久期匹配策略

久期匹配策略，又称为免疫策略（Immunization Strategy），是由 Redington 在 1952 年提出，这一理论是现代资产负债匹配管理技术的起源，被保险、年金、银行等金融机构广泛应用于资产配置过程中，成为利率风险控制和管理的奠基石。利率风险是保险资金运用的主要风险来源，当利率发生较大变化时，由于资产端与负债端对利率变化的敏感性不同，导致资产价值与负债价值的波动幅度不一致，可能引发公司盈余的大幅下降。为了解决这一问题，免疫策略通过构建互相关联的资产与负债组合，使得保险公司能够在任何利率环境下，保证公司盈余维持稳定，从而降低利率波动带来的负面影响。

在实践方面，采用衡量利率敏感性的久期指标作为工具，令资产久期等于负债久期，进而利率变化对资产价值和负债价值的影响程度相同，实现无论利率未来是上升还是下降，都不会对公司盈余产生任何损失，最终保证资产的价值都能够不低于负债的价值。虽然后来又出现了很多其他资产负债匹配管理模型技术，但久期匹配策略仍然是保险公司开展资产负债匹配管理的重要方法。

特别地，保险公司的资产久期往往小于负债久期，当资产负债久期缺口为负且负值不断扩大时，公司抵御利率下行风险的能力就越差，出现利差损的概率也越高。

因此，保险公司开展资产配置的首要任务就是利用久期匹配策略构建投资组合，作为公司长期资产配置的“锚”。保险公司可以将投资资产划分为两个组合：一个是以匹配负债为目标的组合，该组合的主要作用是对冲负债的利率风险，与负债变化的相关性较高，可以按照与负债现金流进行久期匹配的原则，利用不同期限的固定收益类资产构建具有相似久期特征的固定收益投资组合；另外一个是以追求收益率最大化为目标的组合，该组合的主要通过配置高风险资产获取较高的收益率。这种方法的好处在于，既实现了负债对冲的作用，避免了资产负债错配，又能够在一定程度上获取更高的收益，是目前保险公司实践中常用的资产负债匹配管理策略。

久期匹配策略的优点在于方法简单，易于理解，便于操作，为保险公司基于资产负债管理的要求制定投资策略提供了具有较高实用性的方法。但是，久期匹配策略仍然存在一些问题。首先，利率曲线结构的变化可能对久期匹配策略产生重大影响，因为资产（负债）久期衡量的是利率曲线平行移动且变化幅度较小时，资产（负债）受利率变动的影响程度，当利率曲线出现非平行或大幅的变动时，久期匹配策略将无法实现利率风险的有效对冲。第二，资本市场中的资产品种供给结构也会影响久期匹配策略的实现，当长期限固定收益品种的供给较少时，保险公司无法使用资本市场上的短期限资产去匹配长久期的负债。第三，在资产配置组合中，当赋予久期匹配策略较大的权重时，将会大量配置收益相对较低的固定收益资产，导致整体投资组合的收益率较低，无法达到目标收益率。最后，保险公司的负债现金流可能具有较高的不确定性，与公司业务规划、市场利率水平、经济所处周期、人均收入水平等因素都有较大的关系，当现金流的预测值与实际值出现较大偏差时，将会对负债现金流的久期度量产生较大影响，进而影响通过久期匹配策略来对冲负债的效果。

（2）现金流匹配策略

当市场利率水平的波动性加剧时，管理利率期限结构的大幅变化所带来的风险变得非常困难，而久期匹配策略只能在利率曲线平行移动且变化幅度较小的情况下产生较好的匹配效果，此时就有了对负债现金流进行匹配的需求，现金流匹配策略能够很好地规避利率非平行且大幅度变动所带来的利率风险。

现金流匹配策略是指通过构建一个固定收益投资组合，使得每一笔负债现金流出都能够被期间内的资产现金流入所覆盖，从而达到消除利率风险和流动性风险的目的。实际上，现金流匹配策略是一种比久期匹配策略更加严格的投资策略，一个满足现金流匹配的投资策略，一般而言也都满足久期匹配策略。

现金流匹配策略的出现，为保险公司进行资产负债匹配管理提供了另一种方法和工具。一方面，对于一些小型保险公司，当没有足够的资源和能力开发更加复杂精细的资产负债匹配管理模型时，现金流匹配策略是一种简单易行、容易操作的投资策略；另一方面，对于大型保险公司，虽然往往都已经开发了较为复杂精细的资产负债匹配管理模型，但是现金流匹配策略仍然适合作为复杂模型的一个部分或者一个子策略，以便更好地管理可能出现的利率风险。

现金流匹配策略虽然能够有效规避利率波动带来的负面影响，但在实践中也存在诸多问题。首先，对于负债期限较长的公司，当长期固定收益资产的供给较少时，完全的现金流匹配就变得非常困难，往往只能通过购买短期限资产，并在到期后重新进行投资来实现现金流匹配，但是在此期间将无法避免地存在再投资收益的不确定性。第二，现金流匹配策略的灵活性较差，而且能够获得的预期收益也往往较低，无法达到目标收益率。第三，未来负债现金流的不确定性在现金流匹配策略中显得尤为突出，如果出现错误的现金流预期，几乎必然意味着一个糟糕的现金流匹配策略。

（3）动态财务优化策略

在资产负债匹配管理发展的早期，受到计算能力等外部因素的约束，资产负债匹配管理策略通常使用简单的静态优化方法，然而难以准确反映出环境变化的影响。特别是随着资金运用渠道持续拓宽、保险产品不断推陈出新，公司盈余价值的变动更加难以估计，其中蕴含的风险也越来越复杂，静态优化方法的局限性逐渐突显出来。因此，保险公司开始尝试将多期随机规划方法引入资产负债匹配管理之中，动态财务分析就是一种颇为流行的随机规划方法。

动态财务分析是指在充分考虑不同业务部分之间的相互关系，以及各类因素的随机性特征后，评估保险公司在一定时期内整体财务和风险状况的过程。动态财务分析模型通常包含五个部分：第一个是初始条件，主要是对公司保费收入、赔付率、宏观经济、资本市场收益率等变量，以及初始时刻的资产负债表、利率期限结构进行刻画；第二个是情景发生器，通过将各类风险因素进行随机模拟得到不同的情景，每个情景代表了一定概率下公司的经营情况和风险情况；第三个是财务计算器，通过将不同情景下生成的随机因素输入财务模型中，得到财务指标结果；第四个是优化程序，根据财务计算结果生成一系列最优的策略组合，每个组合代表了不同的风险水平，公司根据自身的风险承受能力，选择合适的策略组合作为长期资产配置组合；最后是结果分析。

动态财务分析的方法使得保险公司不再局限于对负债的对冲，而是为公司在风险和收益之间寻求平衡，即在适度承担风险的条件下，获取更高的盈余价值。同时，动态财务分析方法还具有较大的灵活性，为公司进行全面风险管理以及提升盈余价值提供了一种有效工具。但是，该方法也存在一些局限性：一方面，大量的随机变量之间可能存在非常复杂的关系，大大提高了运算难度和运用门槛；另一方面，模型中的参数设置和情景模拟也具有一定的主观性。

6.2　基于风险平价模型的资产负债匹配管理

保险公司作为资本市场上重要的长期投资者，保险资金具有非常鲜明的负债约束特征，在进行资产配置时需要时刻关注负债端的变化，以应对资产负债不匹配所带来的利差损问题，这也正是保险行业所面临的重大挑战。而在风险平价模型的实践过程中，投资者往往仅从资产端对风险使用平价策略，未能充分考虑负债端的特征，因而保险机构难以直接应用该模型开展资产配置实践。

下面本部分将进一步研究如何在有负债约束的条件下运用风险平价模型，使得风险平价模型与保险资金的资产负债匹配管理相结合，从而指导保险公司的资产负债匹配管理与资产配置实践。

6.2.1 “核心 + 卫星”策略

从负债驱动投资（Liability Driven Investment，LDI）的资产负债匹配理念出发，一些保险公司和企业年金机构根据投资目标的不同，将投资组合划分为两个部分：以匹配负债为目标的组合和以追求业绩最大化为目标的组合。Qian（2017）也认为，在资产负债管理框架中，资产端最优的投资策略可由负债匹配组合和风险资产组合构成。借鉴这一思想，本部分将负债驱动投资与风险平价策略相结合，构建“核心 + 卫星”模式的资产负债匹配管理策略。

（1）“核心 + 卫星”策略的动机

正如第 4 章 4.1 所述，保险公司销售保险产品并获得保费的过程，实质上可以看作发行一种类似债券的负债工具，然后在资本市场上对资金进行合理配置。这意味着保险资金在资本市场上进行投资时，不仅需要考虑资产端的问题，还需要着重考察负债现金流特征，即未来发生赔付的现金流支出需求的特征。在历史上资产负债错配往往蕴含了较大的风险，因此匹配负债是保险资金在资金运用过程中的首要目标，以匹配负债为目标的组合应当成为投资资产的“核心”组合。同时，第 2 章 2.3 的研究结果表明，风险平价策略相比其他资产配置策略具有相对更高的收益，以及相对更低的波动率和回撤风险，即风险平价策略具有更好的风险调整收益。因此，可以通过风险平价策略构建投资组合作为“卫星”组合，该组合以追求收益最大化或收益风险比最高为目标。具有匹配负债作用的“核心”组合与具有风险平价特征的“卫星”组合，共同形成了基于负债对冲与风险平价的“核心 + 卫星”组合。

值得指出的是，负债对冲组合与风险平价组合的构建过程是相互独立的，保险公司可以灵活制定负债对冲组合的配置比例（或对冲负债的比例），并非一定需要完全地匹配负债。从资产负债匹配程度来看，目前市场上主要有三种模式。第一种是被动的负债驱动资产模式，通过调整资产端不同类型资产的配置比例来适应负债端的现金流支出，这种机械地基于负债配置资产的模式往往投资收益率较低，而且容易出现资产受到供给的约束难以实现匹配负债的情况。第二种是资产驱动负债模式，先从资产端寻找有价值的投资项目，然后再通过负债端提供资金满足项目所需要的融资。这种模式往往伴随着较高的负债成本，而且资产负债的期限错配比较容易出现流动性风险。第三种是主动管理的资产负债匹配管理模式，即根据公司的业务发展和风险偏好主动管理资产端与负债端之间的匹配关系，实现资产负债匹配管理的动态平衡。

本文主要借鉴第三种管理模式的思想，认为可以根据公司的资产负债比率和风险偏好调整负债对冲组合的配置比例，对于资产负债比率或风险偏好较高的公司，可以选择承担更多的风险，并减少负债对冲组合的配置比例；反之亦然。

此外，按照资产负债匹配原则构建的负债对冲组合往往由政府债券和信用债券组成，能够获得的收益率相对较低，如果“卫星”组合继续采用基准情景下的风险平价策略进行构建，则整体投资组合的收益率将会偏低，无法达到目标收益率要求。因此，需要考虑通过积极管理的风险平价策略来构建“卫星”组合，从而提高“卫星”组合的收益率，以保证整体投资组合收益率满足要求的收益率水平。

“核心+卫星”组合的构建流程包括：

第一，刻画负债现金流特征，本文将关键利率久期作为负债现金流特征的衡量指标；

第二，按照关键利率久期匹配的原则，使用不同期限的政府债券和信用债券构建负债对冲组合；

第三，参考第3章和第4章的研究结果，将不同细分资产类别的风险平价策略与基于经济周期动态调整的风险平价策略相结合，构建积极管理的风险平价组合；

最后，根据负债对冲组合和风险平价组合的配置情况，构建基于负债对冲与风险平价的“核心+卫星”策略。

（2）负债现金流特征刻画

对于负债现金流，本部分利用正态分布模拟未来30年现金流支出情况，如图6-1所示。在实践中，保险公司一般使用在未来业务规划和精算假设下计算得到的现金流支出情况进行分析，当未来业务规划或精算假设改变时，现金流支出情况也会发生改变。本文模拟的现金流支出规模先呈现上升趋势，并于第6年达到最大值，随后逐步下降。

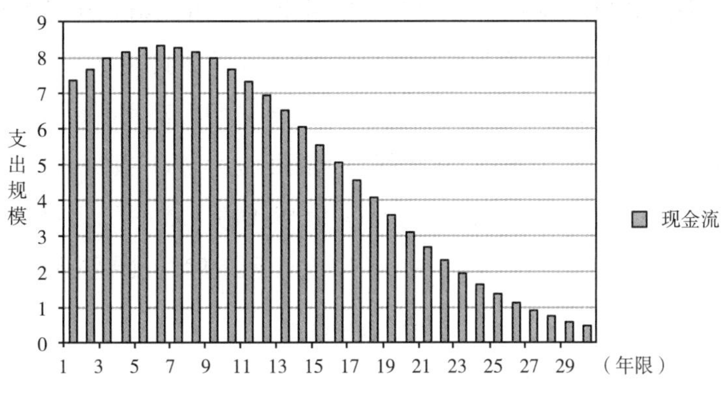

图 6－1　负债现金流支出规模模拟结果

资料来源：泰康资产。

对于负债现金流的贴现率曲线，使用传统型保险产品（未来保险利益不受投资收益影响的保险合同）的责任准备金评估折现率，即由基础利率曲线附加综合溢价两部分组成，如图 6－2 所示。其中，基础利率曲线由三段组成：当期限小于 20 年时，采用 750 天移动平均国债即期利率曲线；当期限大于 40 年时，采用终极利率 4.5%；当期限介于 20 年与 40 年之间时，采用终极利率过渡曲线，由二次插值方法计算得到。对于综合溢价，不同保险公司的取值可能略有不同，本文采用 50bp 作为综合溢价，该水平大致与行业平均值相当。经过此贴现率曲线折现后，负债现金流的现值为 100。

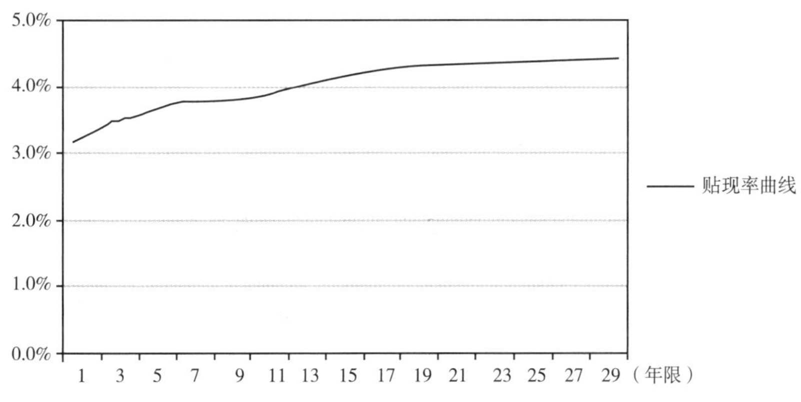

图 6－2　负债现金流贴现率曲线

资料来源：泰康资产。

最后，利用负债现金流规模和贴现率曲线刻画负债现金流的特征——久期。考虑到负债整体久期没有包含负债现金流的期限结构信息，负债对利率曲线的非平行变动，可能具有不同的利率敏感性，因此负债整体久期并不能很好地描述负债现金流特征。使用关键利率久期作为负债现金流特征的衡量指标，以体现出负债现金流在不同关键期限上的利率敏感性，其中关键期限包括 1 年、3 年、5 年、7 年、10 年、15 年、20 年、30 年。负债现金流的关键利率久期如图6－3 所示。为了简单起见，这里假设负债现金流特征不随时间变化。[①]

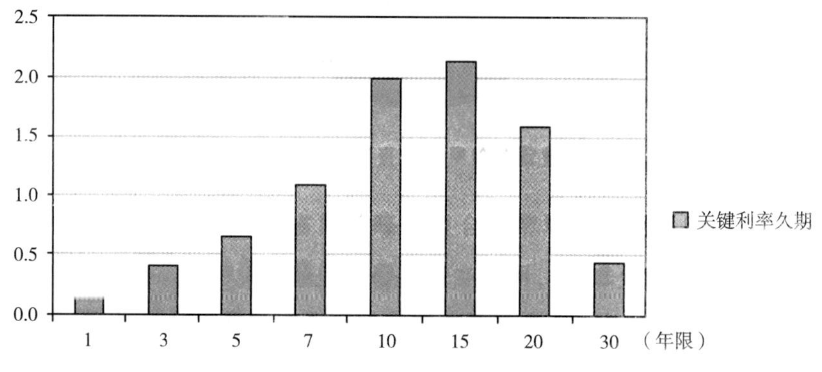

图 6－3　负债现金流关键利率久期特征

资料来源：泰康资产。

（3）负债对冲组合构建

正如本文第 4 章 4. 4 所述，当资产久期等于负债久期时，利率变化对资产价值和负债价值的影响程度相同，无论利率未来是上升还是下降，都不再影响公司盈余水平，这就实现了匹配负债的目的。因此，可以考虑使用久期匹配策略构建负债对冲组合。特别地，为了体现出负债现金流的期限结构信息，本文选择使用关键利率久期匹配的方法构建负债对冲组合，即通过合理配置各类资产的权重比例，使得资产关键利率久期与负债关键利率久期的跟踪误差最小。[②] 具体的组合

---

① 此处只是为了更好地介绍策略方法而做出该假设。当负债现金流特征因业务规划或精算假设而发生变化时，只需重新计算负债现金流关键利率久期，并构建负债对冲组合，形成新的“核心＋卫星”策略即可。

② 在内涵上，关键利率久期匹配类似于跟踪误差最小的概念。

构建方法如下：

$$\begin{cases} \max\limits_{w} \Delta KRD' \times Cov \times \Delta KRD \\ s.t.\quad \sum w_i = 1 \end{cases}$$

其中，ΔKRD是关键期限的久期缺口向量，$\Delta KRD_j = \sum w_i Dur_{i,j}^{A} - LA \times Dur_j^{L}$，是第j个关键期限上的资产负债久期缺口；j=1,2,…,N；N是关键期限个数；w_i是第i种资产的配置权重；$Dur_{i,j}^{A}$是第i种资产在第j个关键期限上的关键利率久期；Dur_j^{L}是负债在第j个关键期限上的关键利率久期；LA是负债规模与资产规模的比值，这里取值为1；Cov是关键期限利率变动的协方差矩阵。为了简单起见，假设协方差矩阵Cov不随时间变化。

构建负债对冲组合所使用的资产类别包括1年期AAA企业债、3年期AAA企业债、5年期AAA企业债、7年期国债、10年期国债、15年期国债、20年期国债、30年期国债8种资产，各资产类别的关键利率久期情况如表6-1所示。

表6-1　各资产类别的关键利率久期

资产类别	1	3	5	7	10	15	20	30
1年AAA企业债	0.97	0.00	0.00	0.00	0.00	0.00	0.00	0.00
3年AAA企业债	0.08	2.72	0.00	0.00	0.00	0.00	0.00	0.00
5年AAA企业债	0.09	0.23	4.15	0.00	0.00	0.00	0.00	0.00
7年国债	0.07	0.18	0.28	5.62	0.01	0.00	0.00	0.00
10年国债	0.07	0.19	0.29	0.49	7.29	0.00	0.00	0.00
15年国债	0.08	0.21	0.32	0.54	1.09	8.99	0.01	0.00
20年国债	0.08	0.22	0.34	0.56	1.14	1.62	9.52	0.01
30年国债	0.08	0.22	0.35	0.58	1.17	1.68	2.64	10.00

资料来源：泰康资产。

按照上述方法构建负债对冲组合，资产配置权重如表7-2所示。可以看出，负债对冲组合对7年国债、10年国债、15年国债和20年国债的配置比例较高，主要原因是负债现金流在第7年、第10年、第15年和第20年的利率敏感性（关键利率久期）较大，从而需要配置较多相应期限的固定收益资产以实现负债对冲的目标。

表 6 - 2　　负债对冲组合配置比例

资产类别	配置比例
1 年 AAA 企业债	5.3%
3 年 AAA 企业债	9.0%
5 年 AAA 企业债	10.4%
7 年国债	13.8%
10 年国债	21.3%
15 年国债	20.1%
20 年国债	15.5%
30 年国债	4.5%

资料来源：泰康资产。

负债对冲组合的净值走势如图 6 - 4 所示，可以发现，该净值走势与第 2 章 2.2 基准情景下的风险平价策略净值走势有一定的相似性，可能是因为利率变化是驱动这两个组合涨跌的共同核心因素。

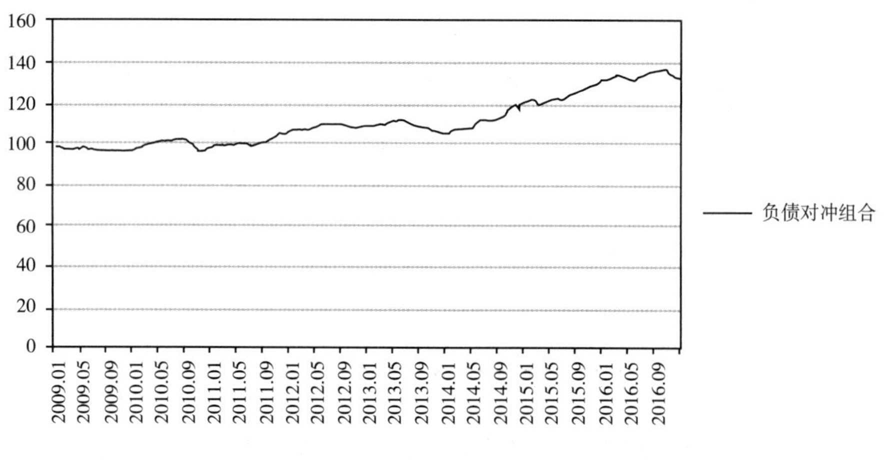

图 6 - 4　负债对冲组合净值走势

资料来源：泰康资产。

从表 6 - 3 中可以看出，负债对冲组合的收益率相对较低，平均收益率为 3.72%，而波动性相对较高，标准差为 3.92%，因此夏普比率较低，仅有 0.32。正如前文所示，负债对冲组合一般由政府债券和信用债券组成，能够获得的收益率相对较低，当负债对冲组合的配置比例较高时，将拉低整体投资组合的收益率表现。

表 6－3　　负债对冲组合策略表现

资产类别	负债对冲组合策略表现
均值	3.72%
标准差	3.92%
夏普比率	0.32
最大回撤	－3.98%

资料来源：泰康资产。

（4）风险平价组合构建

为了提高整体投资组合的收益率，需要使用积极管理的风险平价策略构建“卫星”组合。参考第 2 章和第 3 章的研究结果，基于细分资产种类的风险平价策略收益表现相对较好，同时基于增长、通胀和流动性的经济周期动态调整策略也具有相对较高的收益表现。下面本部分将这两种过程进行结合形成基于细分资产种类和经济周期调整的风险平价策略。

在大类资产内部，采用第 2 章 2.6 基于细分资产种类的风险平价策略构建方法，在股票资产内部，按照规模、价值、低贝塔、盈利质量四个风格指数构建风险平价权益组合，平衡不同股票风格的风险；在利率债资产内部，按照中期利率债、长期利率债两个利率债指数构建风险平价的利率债组合，平衡不同期限的利率风险；在信用债资产内部，按照 AAA 信用债、AA＋信用债、AA 信用债三个信用债指数构建风险平价的信用债组合，平衡不同信用等级的风险。

在大类资产之间，不再使用严格的风险平价模式进行组合构建，而是采用第 3 章 3.2 基于增长、通胀和流动性的经济周期动态调整策略构建方法，首先按照增长、通胀、流动性对宏观经济状态进行划分，然后根据各种资产在历史上不同周期中的表现情况，适当调整大类资产的风险贡献权重，当表现较好时则调高风险贡献权重，当表现较差时则调低风险贡献权重。大类资产风险贡献权重的调整方法如表 6－4 所示。

通过以上过程构建基于细分资产种类和经济周期调整的风险平价策略，净值走势如图 6－5 所示。可以发现，该方法构建的风险平价策略收益表现明显优于基准情景的风险平价策略、基于股票和债券细分资产种类的风险平价策略以及基于增长、通胀与流动性周期动态调整的风险平价策略。

表 6－4　不同经济周期划分下的风险平价策略表现

资产类别	基准情景	股票和债券细分	基于经济周期调整	基于细分资产 & 经济周期调整
均值	4.94%	6.16%	6.07%	7.73%
标准差	3.36%	4.06%	3.37%	4.32%
夏普比率	0.74	0.91	1.07	1.22
最大回撤	－2.44%	－2.69%	－2.19%	－2.59%

资料来源：泰康资产。

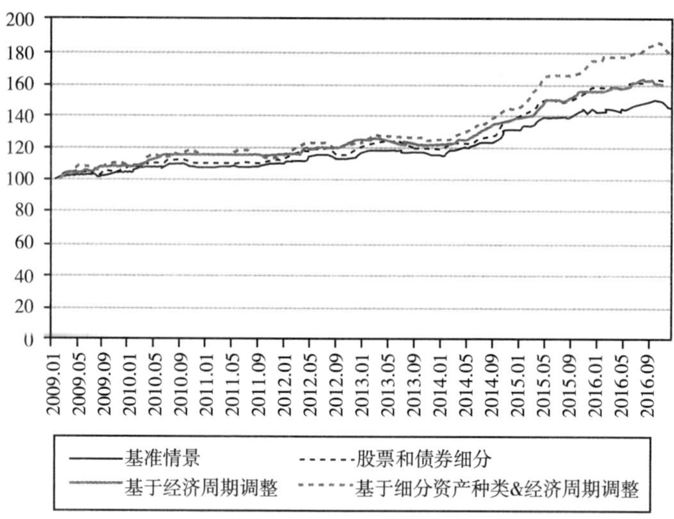

图 6－5　基于细分资产种类和经济周期调整的风险平价策略净值走势

资料来源：泰康资产。

该方法构建的风险平价策略平均收益率为 7.73%，明显好于其他方法构建的风险平价策略，并且其夏普比率高达 1.22，显著高于基准情景的数值 0.74、基于股票和债券细分资产种类的数值 0.91 以及基于增长、通胀与流动性周期动态调整的数值 1.07。

（5）基于负债对冲与风险平价的“核心＋卫星”策略

考虑到负债对冲组合与风险平价组合的构建过程互相独立，同时不同保险公司拥有不同的资产负债比率和风险偏好，保险公司可以灵活调整负债对冲组合的配置比例，即当资产负债比率或风险偏好较高时，公司可以选择承担更多的风险，减少负债对冲组合的配置比例，增加风险平价组合的配置比例；反之亦然。

因此，整体投资组合的收益率取决于以下四个因素：负债对冲组合的收益率、风险平价组合的收益率、负债对冲比例以及公司的资产负债比率。

下面将利用前文得到的负债对冲组合和风险平价组合构建“核心+卫星”策略。采用前文计算的负债对冲组合与风险平价组合收益率和组合配置比例，那么“核心+卫星”策略的收益率主要受到负债对冲比例和资产负债比率的影响。当负债对冲比例提高时，则有更多的资产用以配置于负债对冲组合，导致“核心+卫星”整体组合收益率下降；当资产负债比率提高时，则有更多的资产配置于风险平价组合，导致“核心+卫星”整体组合收益率上升，如表6-5所示。

表6-5　　不同情景下的整体组合收益率示意

不同情景	负债对冲比例	资产负债比率	组合收益率
基准情景	70%	110%	5.69%
负债对冲比例提高	80%	110%	5.29%
资产负债比率提高	80%	120%	6.07%

资料来源：泰康资产。

当可选择的负债对冲比例位于40%~90%范围内且公司的资产负债比率位于90%~150%范围内时，整体组合收益率、负债对冲比例、资产负债比率三者之间的关系如图6-6所示。其中，“核心+卫星”整体组合的收益率位于3.4%~

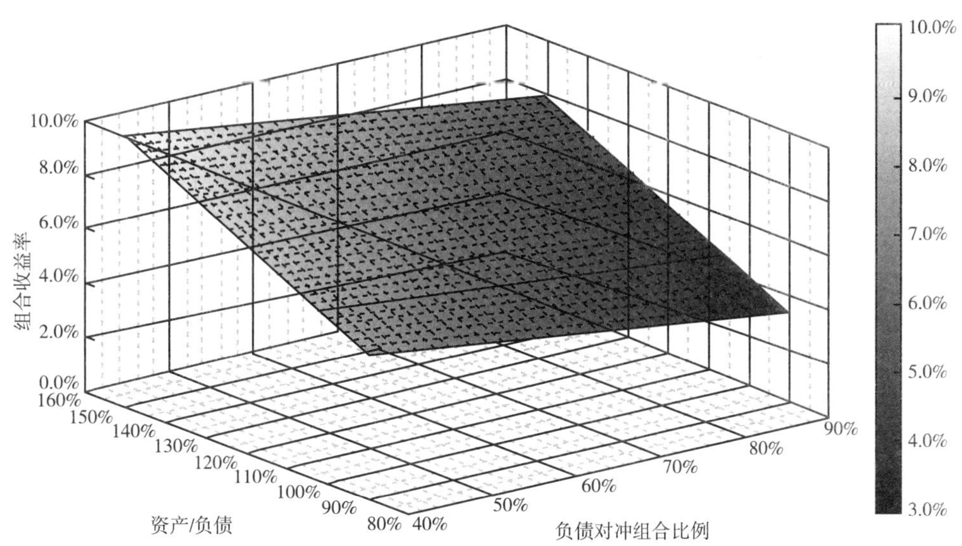

图6-6　“核心+卫星”策略三维图

资料来源：泰康资产。

10%之间，保险公司可以根据自身资产负债比率的实际情况以及整体风险偏好程度选取平面上不同位置的节点，按照相应的负债对冲组合与风险平价组合相对比例，并结合两个组合内部各个资产的配置权重，构建基于负债对冲与风险平价的“核心+卫星”策略投资组合。

6.2.2 双重目标优化策略

下文创造性地提出了另一种基于风险平价模型的资产负债匹配管理策略——双重目标优化策略。在该策略中负债对冲组合与风险平价组合的构建是同时进行的，即负债对冲和风险平价两个目标可以同时实现平衡。

(1) 双重目标优化策略的动机

在“核心+卫星”策略中，由于负债对冲组合的收益率较低，当负债对冲比例设置为较高水平时，将会拉低整体投资组合的收益率表现。上节采用积极管理的风险平价策略来提高风险平价组合的收益率，以减轻该问题的影响程度。

但是，“核心+卫星”策略仍然存在一些问题：从两个组合的相关性来看，负债对冲组合与风险平价组合收益率的相关系数高达54.9%，即两个组合之间的分散化作用较低，可能会影响整体组合的绩效表现；从两个组合的资产构成来看，负债对冲组合中都是固定收益资产，而风险平价组合中也倾向于配置较多的固定收益资产，从某种意义上讲，风险平价组合中的固定收益资产具有匹配负债的作用，而负债对冲组合中的固定收益资产也起到追求收益的作用，因此“核心+卫星”策略中重复的配置固定收益资产降低了资产配置效率。

有鉴于此，可以通过在大类资产之间进行风险平价，同时在固定收益资产内部按照负债现金流期限结构进行久期匹配，并由此提出了双重目标优化策略，能够同时实现负债对冲和风险平价的目标，以避免“核心+卫星”策略所存在的问题。

(2) 基于负债对冲与风险平价的双重目标优化策略

• 策略构建方法。将关键利率久期匹配作为负债对冲的目标，关键利率久期匹配意味着资产关键利率久期与负债关键利率久期的跟踪误差最小，二者的跟踪误差可以表示为：

$$TE_{l}iability - hedge = \Delta KRD' \cdot Cov \cdot \Delta KRD$$

其中，ΔKRD 是关键期限的久期缺口向量；$\Delta KRD_j = \sum w_i Dur_{i,j}^A - LA \cdot Dur_j^L$ 是第 j 个关键期限上的资产负债久期缺口；$j = 1, 2, \cdots, N$；N 是关键期限个数；w_i 是第 i 种资产的配置权重；$Dur_{i,j}^A$ 是第 i 种资产在第 j 个关键期限上的关键利率久期；Dur_j^L 是负债在第 j 个关键期限上的关键利率久期；LA 是负债规模与资产规模的比值，这里取值为 1；Cov 是关键期限利率变动的协方差矩阵。

将利率债、信用债和股票的风险贡献权重相等作为风险平价的目标，这意味着各类资产风险贡献权重之差的平方和最小，各类资产风险贡献权重之差的平方和可以表示为：

$$TE_{risk-parity} = \sum_i \sum_j (TRC_i - TRC_j)^2$$

其中，TRC_i 是第 i 种大类资产的总风险贡献，$TRC_i = 1/\sigma_p \cdot w_i \cdot Cov(r_i, r_p)$；第 i 种大类资产的收益率和标准差分别为 r_i 和 σ_i，w_i 为第 i 种资产的配置权重；投资组合的收益率和标准差分别为 r_p 和 σ_p。

那么，基于负债对冲和风险平价的双重目标优化策略就转化为以下优化问题：

$$\begin{cases} \underset{w}{mix}\ \underset{w}{max}(TE_{liability-hedge}, TE_{risk-parity}) \\ s.t.\ \sum w_i = 1 \end{cases}$$

• 样本资产选择。对于固定收益类资产，选取 1 年期 AAA 企业债、3 年期 AAA 企业债、5 年期 AAA 企业债 3 种信用债，以及 7 年期国债、10 年期国债、15 年期国债、20 年期国债、30 年期国债五种利率债；对于股票类资产，选取规模、价值、低贝塔、盈利质量四个风格指数作为四种资产。

具体风险平价与负债对冲的实现过程如下：在固定收益资产内部，通过合理分配各个期限资产的配置权重，实现关键利率久期匹配的目标；在股票资产内部，实现不同风格指数的风险平价；在大类资产之间，实现利率债、信用债和股票三种资产的风险平价。

• 双重目标优化策略表现。通过以上过程构建基于负债对冲与风险平价的双重目标优化策略，策略净值走势如图 6－7 所示。可以发现，该方法构建的策略收益表现持续优于基准情景下的风险平价策略和基于股票和债券细分资产种类的风险平价策略。

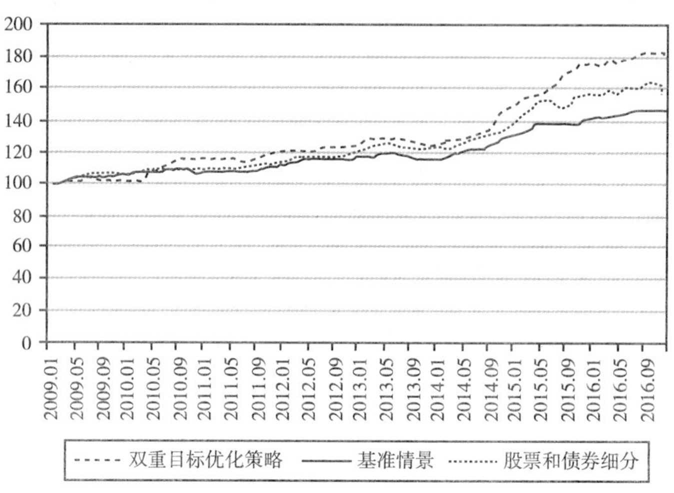

图 6－7 双重目标优化策略净值走势

资料来源：泰康资产。

从表 6－6 中可以看出，该策略的平均收益率为 7.70%，显著高于基准情景的 4.94% 和基于细分资产种类的 6.16%，并且其夏普比率为 1.07，也明显优于另外两种风险平价策略。

表 6－6 负债对冲组合策略表现

资产类别	基准情景	股票和债券细分	双重目标优化策略
均值	4.94%	6.16%	7.70%
标准差	3.36%	4.06%	4.89%
夏普比率	0.74	0.91	1.07
最大回撤	－2.44%	－2.69%	－2.67%

资料来源：泰康资产。

对于双重目标优化策略构建的投资组合，平均配置权重如图 6－8 所示，策略组合中将配置较多的 5 年 AAA 企业债、20 年国债和 30 年国债。该组合与负债对冲组合的跟踪误差如图 6－9 所示，其中长久期国债的跟踪误差较大，主要原因是利率债的波动率相对较低，在风险平价的过程中，为了平衡利率债、信用债和股票之间的风险，将被动配置较多波动率相对较高的长久期利率债，导致双重目标优化策略组合相对负债对冲组合的固定收益资产配置比例出现一定的偏离。[①] 但是，这种偏离基本上是可以接受的，固定收益类资产的平均偏离度为 3.69%。换言之，平均而言，每种固定收益资产偏离负债对冲组合的配置比例数值为 3.69%。因此，双重目标优化策略较好地平衡了负债对冲与风险平价两个目标，可以作为一种基于风险平价的资产负债匹配管理策略。

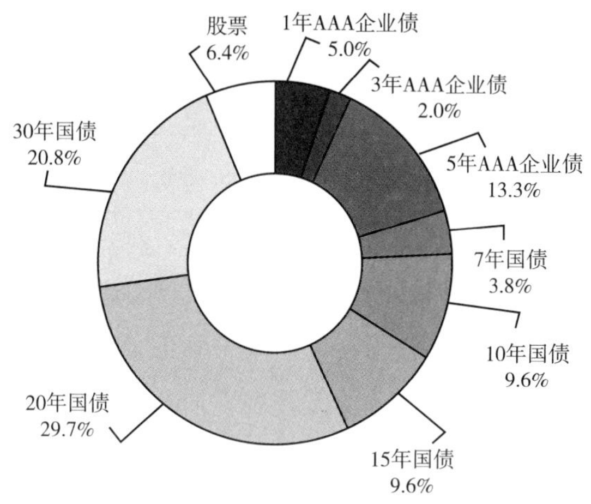

图 6-8　双重目标优化平均配置权重

资料来源：泰康资产。

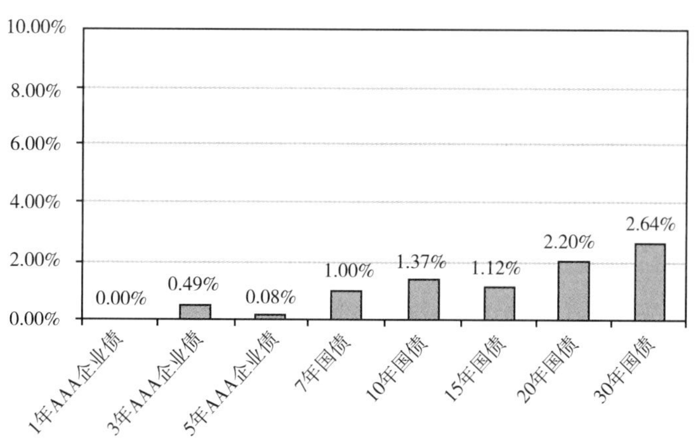

图 6-9　固定收益类资产的跟踪误差

资料来源：泰康资产。

① 这意味着在双重目标优化策略中，需要选取具有合适匹配效果和风险特征的样本资产构建投资组合。

6.3 基于风险平价模型的最低资本管理

6.3.1 保险资产配置中的最低资本要求

保险资产管理必须以资产负债匹配为核心原则，这是保险资管与其他资产管理机构的本质区别。保险产品以负债驱动型为主，保费是公司投资资产的主要来源，保费收入成为保险公司的留存金，通过合理的资产配置和投资管理保值和增值，为未来保险给付提供准备。优秀的资产管理不仅能确保公司履行其保险承诺，还能够创造超额收益为公司股东带来价值。然而，保险给付义务在时间上和金额上都具有不确定性，保险投资也面临市场风险和信用风险，因此保险公司必须基于审慎原则进行资产管理，持有充足的安全资本以应对公司可能面临的各种经济上的不确定性，这样才能维持公司乃至整个行业健康稳定的运营。

2015 年 2 月，原中国保监会正式颁布实施《中国第二代偿付能力监管制度体系整体框架》，开启了中国保险行业以风险为导向的资本管理新阶段。在“偿二代”体系中保险公司面临的保险风险（给付义务的不确定性）、市场和信用风险（投资端的不确定性）通过统一的量化模型进行计量，最后合并成为公司最低资本要求（见图 6－10）。当公司的实际资本低于最低资本要求时，其偿付能力充足水平低于 100%，意味着公司可能无法应对未来一年风险事件导致的公司财务损失。因此，对于保险公司而言，保持较高水平的偿付能力充足率是经营管理的重要目标。

“偿二代”体系对保险资产管理产生深刻影响，各类资产配置比例和规模将直接影响公司市场风险的计量。最低资本的计量基于在险价值（Value at Risk）的理念，以市场风险为例，资产波动率越高，最低资本要求和资本占用就越高。因此，公司在进行大类资产配置时，不仅要考虑资产的预期收益，还要考虑该资产的风险及其对资本占用的影响。此外“偿二代”计算整体最低资本时并不是

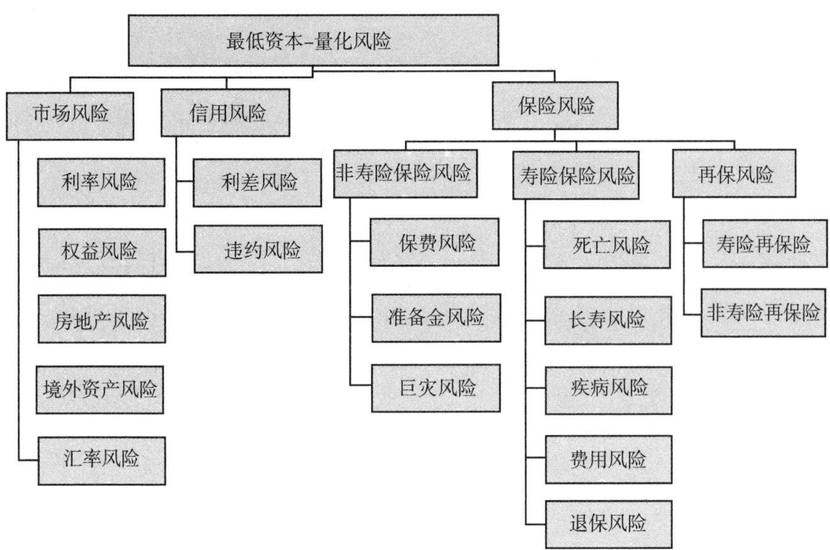

图 6－10　“偿二代”体系下风险量化最低资本框架

简单的算术加总，而是采用各类型风险相关系数矩阵法以反映不同风险间的分散效应（见图 6－11）。对于资产配置而言，通过考虑不同类型资产的市场风险最低资本要求以及不同风险间的分散效应，可以有效降低资本占用，提升公司的偿付能力充足水平。

	$MC_{利率}$	$MC_{权益价格}$	$MC_{房地产}$	$MC_{境外固收}$	$MC_{境外权益}$	$MC_{汇率}$
$MC_{利率}$	1	−0.14	−0.18	0	−0.16	0.07
$MC_{权益价格}$	−0.14	1	0.22	0.06	0.50	0.04
$MC_{房地产}$	−0.18	0.22	1	0.18	0.19	−0.14
$MC_{境外固收}$	0	0.06	0.18	1	0.04	−0.01
$MC_{境外权益}$	−0.16	0.50	0.19	0.04	1	−0.19
$MC_{汇率}$	0.07	0.04	−0.14	−0.01	−0.19	1

图 6－11　市场风险最低资本相关系数矩阵

（原中国保监会偿付能力监管 7 号文：市场风险）

利率风险不同于其他的市场风险，其计量需要同时考虑资产和负债的利率敏感性。利率风险是国内寿险公司面临的最大风险之一，主要原因是保险负债期限较长，而国内市场在长久期债券上的供应有限，造成资产和负债久期缺口较大。降低利率风险需要通过增加长久期债券的配置或者运用相应的利率衍生品对冲负债久期。因此，保险资产配置中应充分考虑对冲利率风险的需求，直接采用均值—方差模型可能导致资产配置过于集中收益率较高的权益资产，而忽视了资产负债久期匹配的要求。风险平价策略虽然不直接考虑利率风险，但策略本身倾向配置更多低波动率的债券，间接起到降低利率风险的作用，更加符合保险公司的需求。

满足公司资本充足率需求是保险资金管理最基本的考量，但并非唯一考量因素。保险资金管理的核心任务是满足负债支付要求，这也是保险资产负债管理中的关键要素，即投资收益与负债成本的匹配。负债成本具有刚性特征：一是因为负债合同是长期的，定价利率在合同期初确定不能随意变更；二是出于市场竞争考虑，降低定价利率或负债成本将导致保险产品市场竞争力下降。因此，即使投资收益下降时期很多保险公司也不会轻易调整负债成本。以 2016 年为例，10 年期国债利率全年中枢处于 2.86% 的低位，A 股沪深 300 指数全年收跌 -11.2%，资本市场的不利环境给保险公司的投资业绩带来很大挑战（见图 6-12）。然而，同期的市场调研发现，仍有接近半数的保险机构对分红、万能和传统账户的投资目标设定为 5% 或以上（见图 6-13）。由此可见，保险行业的成本收益匹配充满挑战。

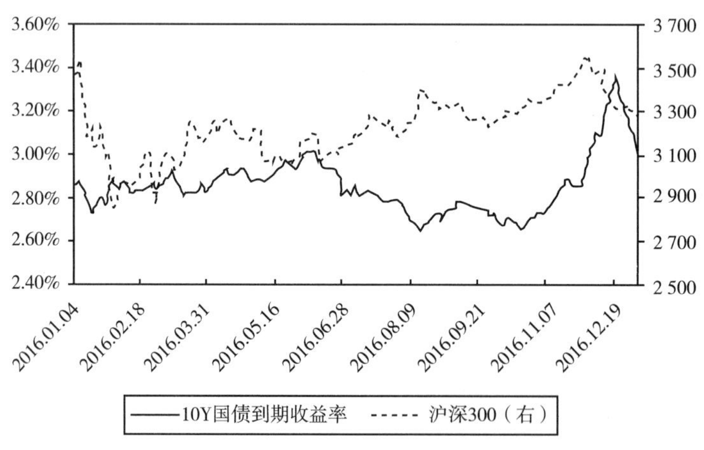

图 6-12　2016 年国债收益率和沪深 300 走势

6.2 将探讨风险平价策略在偿付能力最低资本管理中的应用，通过策略比较为公司提供可提升偿付能力水平的配置建议。6.3 将进一步研究风险平价策略在收益成本匹配上的考量，测试风险平价策略在降低组合风险的同时是否能满足负

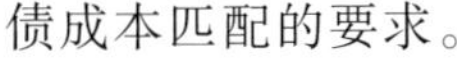

债成本匹配的要求。

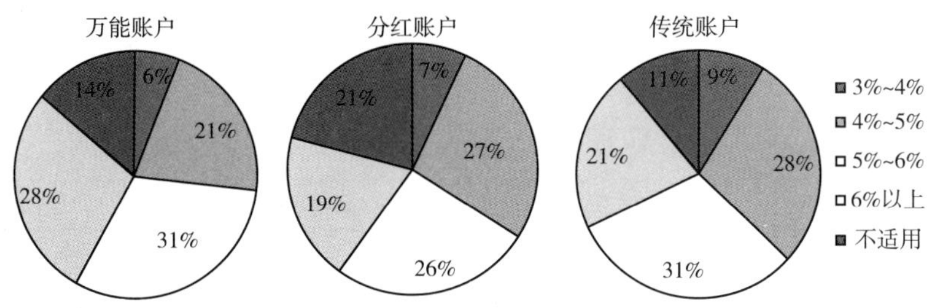

图 6－13　安永保险业 2016 年度 ALM 调研：各范围投资收益目标的公司占比

6.3.2　风险平价策略与最低资本优化

资本管理是保险公司经营管理的重要内容，偿付能力充足率反映公司资本充足状态和应对未来各种不确定性的经济能力。监管规定，保险公司的偿付能力水平不得低于 100%。在以风险为导向的“偿二代”体系中，资产配置对公司的偿付能力有重要的影响，投资资产的风险分布直接影响偿付能力最低资本要求。因此，本节将以案例分析的形式探讨如何通过资产配置降低最低资本要求，提升公司的偿付能力水平。

假设一个传统寿险账户，资产规模为 1 000 亿元。我们对国债、信用债、股票和房地产四类资产进行配置，其中股票和房地产按资金运用规定分别设置投资比例上限 30%。表 6－7 和表 6－8 展示了资产预期收益和波动率假设和大类资产间的相关性系数。从风险收益关系看，国债和信用债属于低波动低收益的安全性资产，房地产和股票属于高波动高收益的风险资产（图 6－14）。

表 6－7　　　大类资产的收益风险假设[①]

	收益率	波动率
国债	3.6%	3.6%
信用债	5.0%	3.4%
股票	12.9%	27.5%
房地产	7.2%	11.0%

① 大类资产风险收益参数仅作为研究假设，非实际投资依据。

表 6－8 大类资产之间的相关性（基于历史数据）

	国债	信用债	股票	房地产
国债	100%			
信用债	67.4%	100%		
股票	－8.3%	－10.0%	100%	
房地产	－7.4%	－10.3%	70.8%	100%

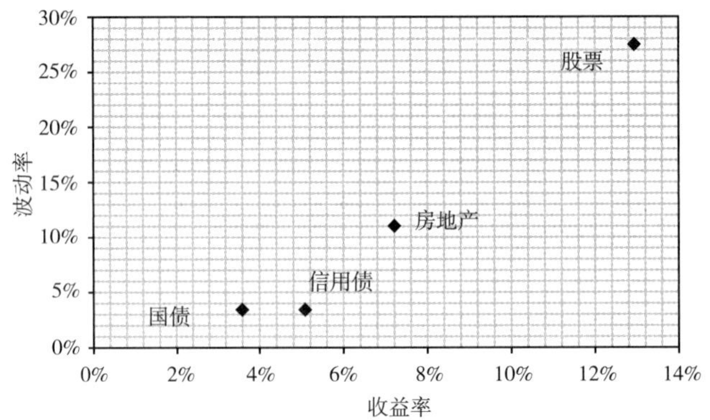

图 6－14 大类资产的风险收益

（1）采用传统风险平价配置策略下的最低资本

使用传统的资产风险平价配置方法建立投资组合，即将四类资产的边际风险贡献进行平均配置，配置比例如图 6－15 所示。

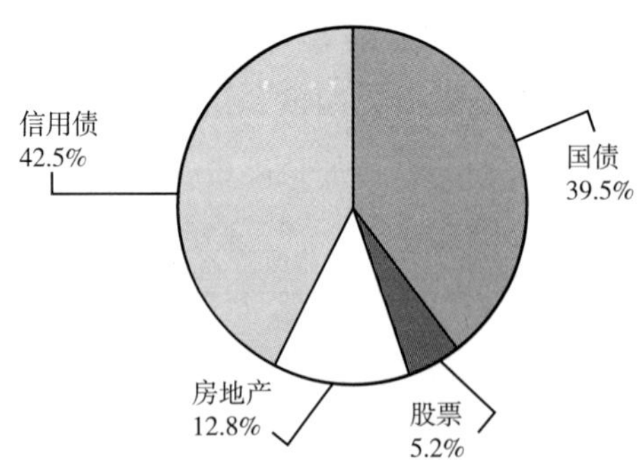

图 6－15 资产风险均衡配置

资产风险平价组合中超过 80% 的资产配置为低波动的国债和信用债。股票和不动产资产由于波动性较高，配置比例仅为 5.2% 和 12.8% 。

资产配置比例对偿付能力框架下最低资本的分布产生直接影响，图 6－15 展示了四类资产基于“偿二代”量化规则计算的利率风险、权益风险、不动产风险以及信用风险的最低资本要求。为简化分析，利率风险固化了负债利率风险贡献。从图 6－16 看出利率风险在该策略中的占比最大，原因是该传统产品的期限较长，资产负债久期缺口较大。虽然风险平价策略中债券配置比例较高，但主要以久期较短的信用债为主，对冲负债利率风险的效果有限。考虑分散效应后该传统账户的最低资本要求为 52 亿元。

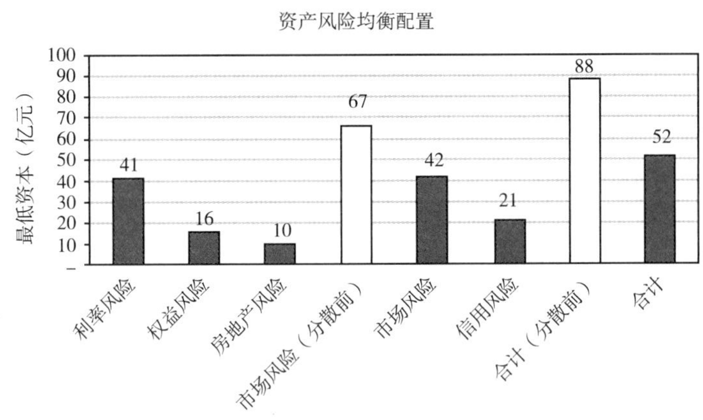

图 6－16　资产风险平价策略的市场和信用风险最低资本

采用蒙特卡洛模拟方法预测资产组合未来一年收益和波动率，结果如表 6－10 所示：

表 6－9　　资产风险平价组合预期收益率和波动率

	预期收益率（1 年）	预期波动率（1 年）
资产风险平价策略	5.6%	3.8%

（2）以最小化最低资本为目标的配置策略

对于偿付能力充足率较低的公司，在做资产配置决策时会把降低资本占用作为首要目标。以资本占用最小化为目标的策略将基于偿付能力量化计算规则，分别计算出不同配置方案下的市场和信用风险最低资本要求，优先选择资本要求最小的配置方案。

在同样的组合规模和四类可选资产的条件下，优化最低资本得到的各资产配置比例如图 6－17 所示。结果显而易见，该策略大幅增加国债配置比例至 70% 用于对冲负债利率风险；而股票属于高风险资产，资本占用比例最高，因此策略直接将权益比例降至 0。

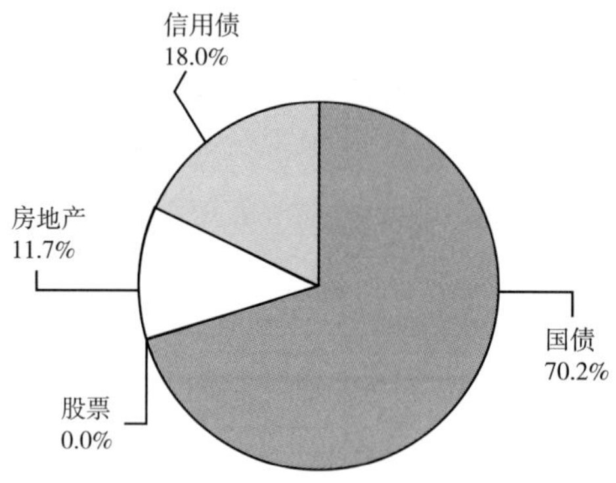

图 6－17　最低资本占用策略配置比例

图 6－18 展示了最低资本占用策略下组合的市场和信用风险最低资本要求。可以看到资产配置比例的调整直接改善了资本占用，考虑分散效应后的最低资本降至 15 亿元，其中利率风险完全对冲，权益风险为 0。该策略中市场风险和信用风险各占比 50%，充分利用了不同风险间的分散效应。

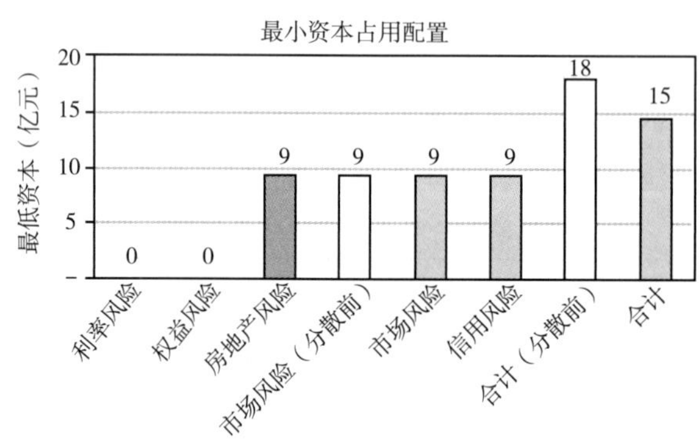

图 6－18　最低资本占用策略的市场和信用风险最低资本

最后从风险收益角度考察该策略，表 6－10 展示了最低资本占用策略未来一年的投资收益和波动率。相对于资产风险平价策略，最低资本占用策略的收益率大幅下降 60bp。对产生收益来源的各类资产进行分析，可以看到收益大幅下滑的原因来自于资产的集中配置，即长期限国债占比过高，而可以提升组合收益的股票资产配置为 0。

表 6-10　最低资本占用组合预期收益率和波动率

	预期收益率（1 年）	预期波动率（1 年）
最低资本占用策略	5.0%	3.8%

对比以上两种配置方案，我们发现资产风险平价策略组合收益较高，但过于暴露利率风险；最低资本占用策略集中配置国债，低配权益，最大程度改善了最低资本要求，但缺点是收益没有吸引力。是否存在更加均衡的资产配置方法，能够兼顾收益和资本占用两个优化目标呢？

（3）资本风险平价策略

平衡各类风险资本占用可以更好地利用风险间的分散效应，从而降低整体偿付能力最低资本要求。前文讨论的风险平价策略是单纯从资产端的角度，分散投资资产的各项风险；从公司资产负债管理角度，我们需要寻找提升公司资本管理效率的配置策略。"偿二代"的量化规则提供了一个很好的框架。基于"偿二代"的市场风险和信用风险计量方法，以各类资产最低资本要求代替波动率作为风险指标，结合相关系数矩阵，运用风险平价模型进行各类风险最低资本的均衡配置。该策略将原来资产风险平价策略转化为资本风险平价策略。

采用资本风险平价策略得到的配置结果如图 6-19 所示。资产之间的配比相对更加分散，国债仍然占有绝对优势为 63.1%，但股票资产得到将近 4% 的配置。

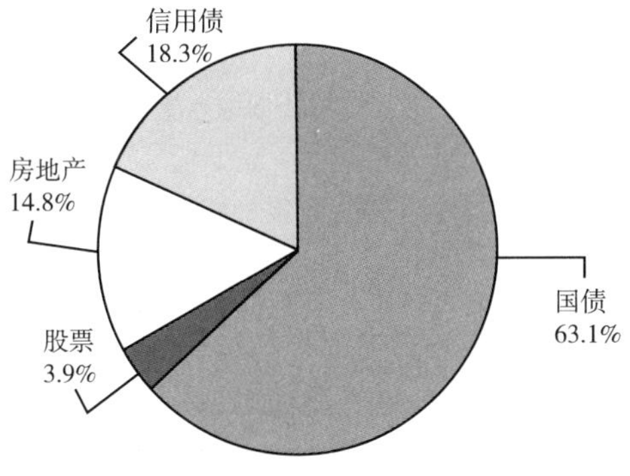

图 6-19　资本风险平价配置

与最小资本占用的组合进行比较（见图 6-20），资本平价策略的国债减少部分被均匀分散到股票和房地产等风险资产中，这样在一定程度上提高了该策略的收益上升空间。

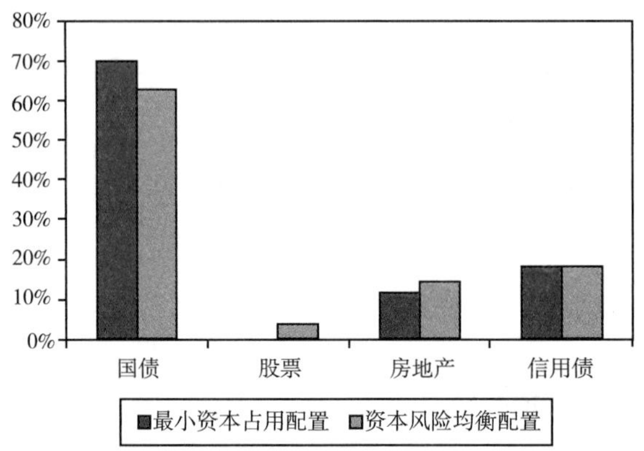

图 6-20　两种配置方法的资产比例比较

图 6-21 展示了资本风险平价策略的市场风险和信用风险。最低资本要求合计为 24 亿元，且较为均匀地分布于各子类风险中。

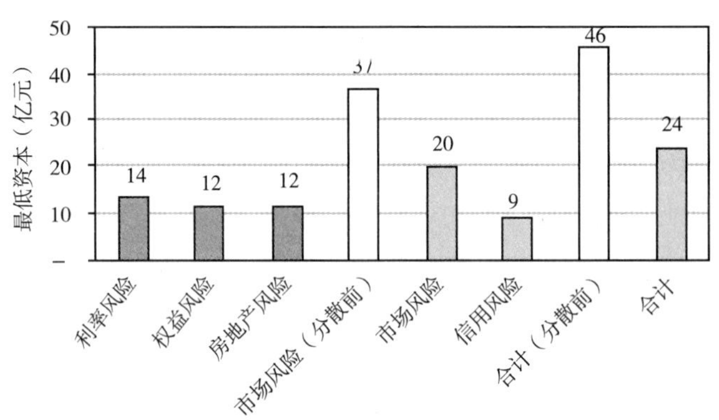

图 6-21　资本风险均衡配置最低资本

表 6-11 展示了资本风险平价策略未来一年的投资收益和波动率。

表 6-11　　最低资本占用组合预期收益率和波动率

	预期收益率（1 年）	预期波动率（1 年）
资本风险平价策略	5.4%	4.0%

（4）三种配置策略的整体比较

从配置比例上来看（见表 6-12），资产风险平价在各资产类别上的配置比例最均衡，但该策略完全不考虑资产负债匹配和利率风险对冲需求，因此大部分固收配置集中于久期较短的信用债资产。

最低资本占用策略最大程度地降低了利率风险和权益风险，但配置过于集中在国债，限制了投资收益的上升空间。

资本风险平价策略是对以上两种策略的平衡，既考虑了保险公司资产负债管理中利率风险对冲的需求，同时又相对均衡地配置了各类资产的风险暴露，为组合的投资收益打开了上升空间。

表 6－12　　三大策略配置比例

	国债	信用债	权益	不动产	合计
资产风险平价策略	39.5%	42.5%	5.2%	12.8%	100%
最低资本占用策略	70.2%	18.0%	0.0%	11.7%	100%
资本风险平价策略	63.1%	18.3%	3.9%	14.8%	100%

表 6－13 显示资本风险平价策略仍能获得较高的 5.4% 的年化投资收益，同时又能将最低资本占用维持在较低的水平。

表 6－13　　三种策略的预期收益、波动率和最低资本金额

	预期收益率（1 年）	预期波动率（1 年）	最低资本（亿元）
资产风险平价策略	5.6%	3.8%	52
最低资本占用策略	5.0%	3.8%	15
资本风险平价策略	5.4%	4.0%	24

（5）三种配置策略的收益成本匹配分析

前文从投资收益和资本占用角度对三种配置方法进行整体分析与比较，资本风险平价策略能够提供两者之间较好的平衡。本部分将着重从投资收益与成本比较的维度对三个策略进一步研究。收益成本匹配是保险投资资产负债管理中的核心内容之一，在确保投资组合安全性的前提下，保险公司也关心投资收益是否能够满足保险负债成本的需求，并且希望创造超额收益提升股东权益。

投资策略的收益风险匹配可以从两个方面进行考量：一方面是收益性，即投资组合的预期收益至少达到负债最低保证利率加公司预期超额收益。假设上述传统险产品的最低保证利率为 2.5%，在此基础上公司股东预期获得 200bps 的超额收益，投资组合最终的预期收益应该不能低于 4.5%。表 6-13 中显示三个策略均符合公司收益性的要求。当然，公司对收益的期望会随时间和市场环境的变化而变化，如果股东期望利差从 200bps 上升到 300bps，那么只有资产风险平价策略才能满足其要求。最低资本占用策略和资本风险平价策略需要增加风险资产的配置才能达到更高的预期收益。

表 6-14　　三种策略的预期收益、波动率和最低资本金额

	目标收益率（1 年）2.5% +2%	预期收益率（1 年）	是否符合最低收益要求
资产风险平价策略	4.5%	5.6%	是
最低资本占用策略	4.5%	5.0%	是
资本风险平价策略	4.5%	5.4%	是

收益风险匹配的另一方面是确定性。资本市场存在不确定性，投资策略的实际收益也会随之上下波动，一味增加风险资产的配置，确实可以获得较高的预期收益率，但是收益不确定性也随之增加。在各种可能发生的经济情形下，投资实际收益应大概率高于负债最低保证利率才能使公司保持健康稳定的运营。因为当实际收益低于最低保证利率时将产生利差损，导致利润损失和股东权益的下降，公司应尽可能降低利差损发生的概率。基于蒙特卡洛动态模拟可以计算投资策略在未来一年的投资收益分布。图 6-22 展示了三个投资策略的预期收益分布。

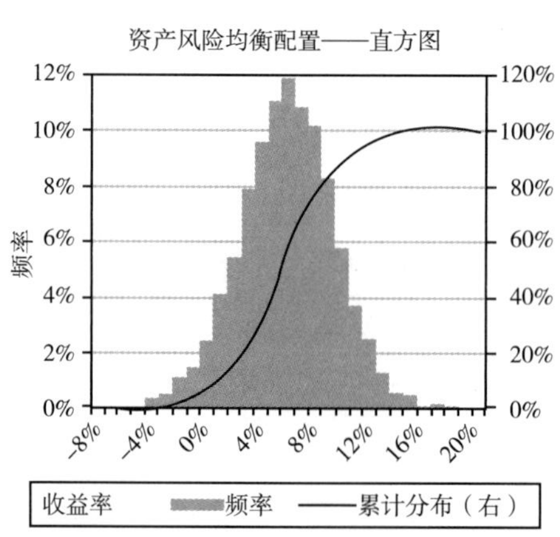

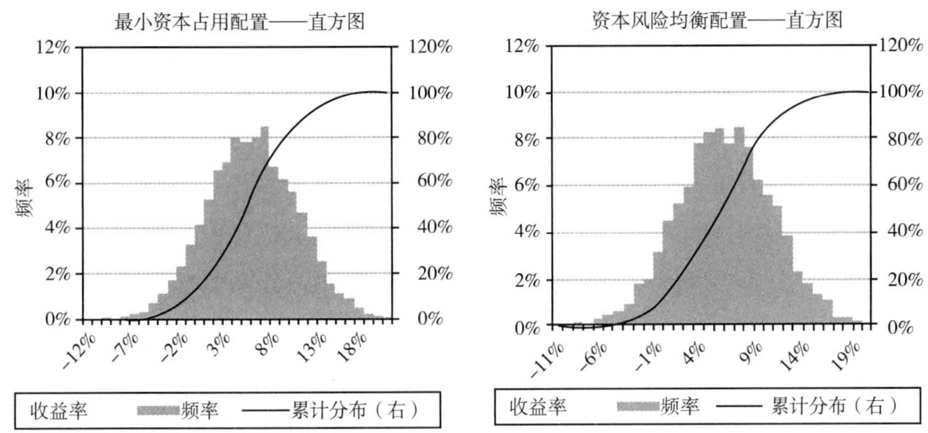

图6-22 资本风险均衡组合的模拟收益统计分布图

资产风险平价策略的收益分布图形最窄，表明各种经济情形下的收益率比较集中，确定性相对较高；而最低资本占用策略和资本风险平价策略收益分布较宽，代表不确定性更高。三个策略的最低保证成本为2.5%，通过收益率分布可以计算出每个策略投资收益达到或超越2.5%的概率。概率越高，收益成本的匹配性就越好。图6-23展示了三种策略投资收益累积分布曲线。表6-15比较了三种策略获得超过2.5%收益率的概率。资产风险均衡策略的概率最高，收益成本匹配性最好，最小资本占用配置收益成本匹配性较差。

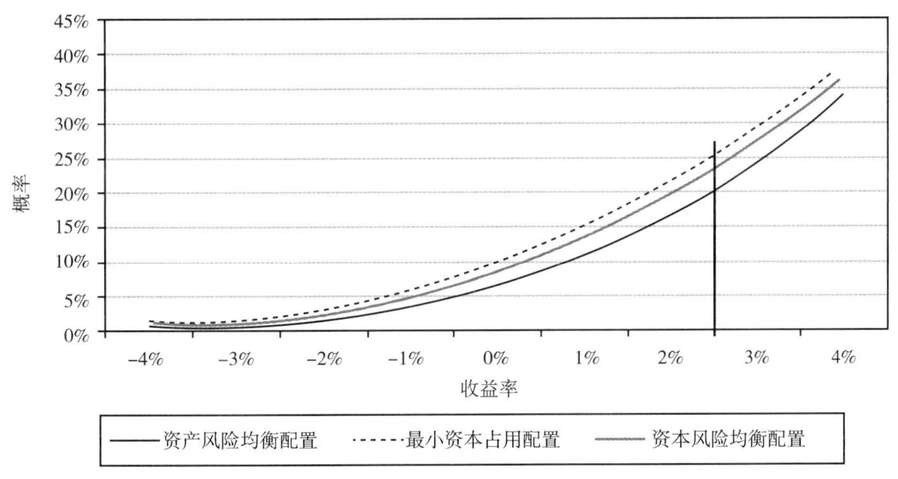

图6-23 三种策略的模拟收益累积分布图

表6-15　　三种策略达到或超越2.5%收益率的概率

策略名称	Prob（Return>=2.5%）
资产风险均衡配置	80%
最小资本占用配置	74%
资本风险均衡配置	76%

收益成本匹配性的高低与负债成本的高低息息相关，负债成本越高，投资收益要求就越高，匹配难度加大。假设最低保证成本从2.5%上升至4.5%，三种策略达到和超越最低收益要求的概率如表6-16所示。三个策略击穿最低收益要求的概率均明显上升，收益成本匹配的不确定性大幅增加。由此可见，资产负债的收益成本匹配管理不能仅依赖投资配置策略的调整，同时需要控制负债保证成本，从产品设计和开发层面进行调整。

表6-16　　三种组合对应4.5%收益率的VaR值

策略名称	Prob（Return>=4.5%）
资产风险均衡配置	61%
最小资本占用配置	55%
资本风险均衡配置	59%

6.3.3　讨论

传统的资产组合重点关注资产本身的风险收益特征及其之间的相关性。风险平价策略提供了均衡资产风险贡献的配置方法，并在市场实践中取得了较好的实证业绩。保险资金投资管理有区别于其他机构投资人的特殊性，即保险资产负债管理要求，在进行投资配置规划时，不仅要考虑组合本身的投资收益和风险，还要考虑投资组合对公司整体资本及资本使用效率的影响。此外，保险资金要求绝对收益回报，投资收益与负债成本的匹配是资产负债管理中的核心内容。收益成本匹配管理一方面要考虑投资组合的收益性，即预期收益是否能够到达负债成本要求；另一方面还要关注收益的确定性，即收益超过负债成本的概率。如果为了达到收益性而盲目增加风险资产，反而会增加投资组合的波动率，降低负债收益匹配的确定性，起到适得其反的作用。因此，平衡收益与风险的关系是保险资金配置中的关键因素。

为了应对上述资产负债管理要求，本章对三种不同的策略进行了分析和比较。资产风险平价策略仅从资产端进行考量，虽然可以获得最高的投资收益和最好的收益成本匹配性，但却忽略了利率风险对资本的占用，降低了公司整体资本的使用效率；最低资本占用策略以降低最低资本要求为目标，弥补了资产风险平价策略的不足，但是过于集中的资产配置导致其收益性和成本匹配性都有所下降。

资本风险平价策略以资产负债管理为出发点，由传统风险平价模型延伸出来，既降低了资本占用成本，也保证了较高的收益性和成本匹配性，可作为保险机构进行资产负债管理和资产配置的参考模型。公司可根据自身的资本充足水平、风险偏好、产品结构、收益要求等情况做进一步的修改与完善，探索出适用于自身的资产配置模型，为公司稳健经营奠定良好基础。

第 7 章

结论与展望

7.1 行业共识

7.1.1 通过实证回测风险平价模型是适合中国保险资产配置的有效模型

生命资产测算了各类资产之间的相关性（见表 7－1），从中可见长期来看，不同资产类别、不同区域市场之间具有一定的分散性。

表 7－1　　各资产间相关性表

	上证 50	中证 500	上证国债	上证公司债	商品	黄金	标普 500	恒生指数
上证 50	1.000	0.692	－0.060	－0.030	0.502	0.097	0.116	0.516
中证 500	0.692	1.000	－0.039	0.009	0.505	0.083	0.102	0.421
上证国债	－0.060	－0.039	1.000	0.140	－0.205	0.001	0.005	－0.072
上证公司债	－0.030	0.009	0.140	1.000	－0.065	－0.020	－0.006	－0.035
商品	0.502	0.505	－0.205	－0.065	1.000	0.197	0.134	0.564
黄金	0.097	0.083	0.001	－0.020	0.197	1.000	0.027	0.141
标普 500	0.116	0.102	0.005	－0.006	0.134	0.027	1.000	0.233
恒生指数	0.516	0.421	－0.072	－0.035	0.564	0.141	0.233	1.000

资料来源：生命资产、Wind。

在进一步的实证研究中，生命资产构建的二资产和四资产风险平价模型，在 2009 年至 2017 年市场回测分析中显示出更为稳健的投资收益，夏普比率优于其他配置模型（见表 7－2 和表 7－3）。

表 7－2　　二资产风险平价组合与其他投资组合的比较

	风险平价	60/40	等权重	均值－方差	风险平价（杠杆）
年化收益率	5.28%	13.37%	12.54%	4.61%	5.64%
年化波动率	3.55%	16.81%	14.44%	2.87%	4.26%
单日最大回撤	－1.1%	－6.0%	－5.2%	－1.0%	－1.4%
夏普比率	0.92	0.68	0.73	0.91	0.85

注：上证公司债（000022）以及沪深 300（HS300）分别代表债券以及股票市场；基于 2009 年 1 月 5 日至 2017 年 9 月 18 日数据；假设无风险利率为 2%。

表7-3　　四资产风险平价组合与其他投资组合的比较

	风险平价	等权重	均值-方差	风险平价（杠杆）
年化收益率	7.71%	15.08%	5.41%	8.21%
年化波动率	3.26%	16.16%	3.25%	4.41%
单日最大回撤	-1.3%	-5.8%	-1.0%	-1.8%
夏普比率	1.75	0.81	1.05	1.41

同济大学研究团队以2007年1月至2017年6月的大类资产指数作为研究对象，基于保险资金的合规限制，分别构建风险平价模型和均值方差模型，并展开比较研究，得到了以下结论：

（1）风险平价组合整体波动率要小于均值方差组合，组合业绩表现更为稳健。

（2）风险平价组合的夏普比率优于均值方差组合，尤其在整体市场收益表现较差，甚至多数资产的收益率为负的情况下。

（3）风险平价组合基于各类资产的风险贡献制定配置比例，对市场假设依赖较小；而均值方差组合对市场假设依赖较大，风险容易集中于某一类或某几类资产。

综上所述，风险平价模型在国内市场历史回测中展示了稳健的投资风格，并能提供较高的夏普比率。对于追求长期稳定投资收益的保险公司而言，风险平价模型是值得借鉴的模型选择。

7.1.2　风险分散是保险资金配置的核心要素，适当扩大可投资资产范围能提升风险平价模型的绩效表现，更好地实现风险分散

平安养老研究团队认为，从风险分散化的角度来看，仅包括股债两类资产的投资组合风险分散化能力是很有限的，特别是极端市场情况下。例如，在2013年年中以及2017年上半年，股债两类资产都出现同时走熊的状态，此时股债两类资产的相关性大幅走高，导致投资组合的风险并不能有效分散化。为了提升投资组合的风险分散能力，单靠风险平价模型本身不能解决所有问题，需要在资产

选择上进一步优化和延伸。平安养老建议在风险平价组合中加入与股票、债券相关性较低的另类资产，如黄金或商品 CTA 策略，进一步提升组合分散风险的能力。从风险分散化的角度来看，驱动黄金走势的宏观因素跟驱动国内股债资产的宏观因子相关性较低，因此使得黄金资产与股债资产长期的相关性较低。商品期货市场的 CTA 策略基于 2010 年以来的数据统计，与 A 股的收益相关性不到 15%，与国债收益率相关性只有 -4%。

平安人寿研究团队提出基于因子资产的风险平价模型，即用因子资产替代传统资产进行配置规划。研究表明，在因子层面的风险分散效果显著优于传统资产层面。平安人寿构建的因子风险平价模型将股票资产进一步细分为规模、价值、成长、红利和低波动等五类权益因子资产；将固定收益类资产细分为动量、久期和信用等因子资产，通过风险贡献平均分配各因子的配置比例。表 7-4 展示了因子风险平价模型和传统风险平价模型的比较，因子模型在收益率和夏普比率上都显著优于传统的风险平价模型。

表 7-4　因子大类资产与传统大类资产风险平价配置的收益波动比较

	因子大类资产风险平价	传统大类资产风险平价
年化收益	7.61%	4.39%
年化波动	3.20%	2.38%
收益/风险比	2.38	1.85

因此，在风险平价模型中加入相关性较低的资产可以更好地发挥风险分散的作用，通过对大类资产背后的驱动因子进行分析和测算，寻找驱动因子相关性低的资产类别，可以进一步提升风险平价模型的风险分散性，更好的应对极端市场情景，防止投资组合的过大回撤风险。

7.1.3　将风险平价定量模型和宏观周期定性分析相结合，可进一步提升风险平价模型的业绩表现，降低风险平价组合在股票牛市中无法超越市场大盘的风险

风险平价模型在具体实践过程中面临一个无法回避的问题，由于风险平价策略是一种偏被动的、以风险为导向的投资策略，其投资收益率相对偏低，特别在

股票牛市中往往跑输大盘。因此，单纯依赖风险平价量化模型无法对资产组合进行灵活调整，也容易错失应把握的市场机会。泰康资产研究团队建议了宏观经济动态调整下的风险平价模型，即在风险平价策略的基础上进一步引入基于宏观经济状态的动态调整机制。基于增长、通胀和流动性周期的动态调整各类资产配置比例的风险平价模型在收益表现和收益风险比方面都有显著提升。表 7－5 展示了在不同周期下资产的调整比例。

表 7－5 基于增长、通胀与流动性周期划分下各类资产风险贡献权重设定

资产类别	股票	利率债	信用债
增长下通胀下利率下	2/3	1/6	1/6
增长上通胀下利率下	2/3	1/6	1/6
增长下通胀上利率下	5/12	1/6	5/12
增长上通胀上利率下	2/3	1/6	1/6
增长下通胀下利率上	1/6	5/12	5/12
增长上通胀下利率上	1/6	5/12	5/12
增长下通胀上利率上	2/3	1/6	1/6
增长上通胀上利率上	1/6	5/12	5/12

资料来源：泰康资产。

历史回测显示将定性的宏观经济周期划分方法和定量的风险平价模型相结合，可以有效改善和优化原有的模型，提升模型的有效性和灵活性。

7.2 模型应用建议

7.2.1 基于在险价值（VaR 值）的风险平价模型

风险平价模型的核心参数是各大类资产的风险贡献，通过对不同资产风险贡献的合理分配，构建均衡稳健的资产组合。传统风险平价模型通过各大类资产的波动率和相关性矩阵来衡量每类资产的风险贡献。在险价值（VaR）是衡量投资组合风险的另一个重要指标。VaR 衡量的是资产未来收益的分位点值，可以反映市场极端情形下投资组合的回撤情况。平安养老提出采用 VaR 值替代波动率作为风险平价模型中的风险度量指标，从而更好地关注和管理尾部风险。

7.2.2 因子风险平价模型和最低资本风险平价模型

平安人寿提出基于因子资产的风险平价模型，在大类资产风险均衡优化的同时，将各类资产所暴露的风险因子进一步细分，并采用风险平价的方法均衡不同风险因子之间的配置比例。因子平价模型成功的背后是风险分散化原理，通过细分风险或收益驱动因子，在相关性较低的因子之间进行风险平配，能更好地分散组合风险。从资产到因子的转化，也正是对资产所暴露的各种风险进行拆分和组合的过程。

借鉴因子平价模型的理念，应用到保险公司偿付能力管理中，平安人寿进一步提出了偿付能力框架下最低市场风险因子平价模型，通过对最低资本的风险均衡，更好地达到投资组合的风险分散效应。

7.2.3 基于资产负债管理理念的“核心 + 卫星”策略及双重目标优化策略

保险投资管理往往面临多目标配置的挑战，既要满足保险资产负债久期匹配的要求，又要达成超越负债成本的投资收益。泰康资产针对这一挑战，提出了“核心 + 卫星”策略和双重目标优化策略，将用于资产负债久期匹配的负债对冲策略与风险平价策略有机结合。两种策略，既可以进行有先后顺序的迭代优化，也可以并行优化。多目标兼顾的策略模型为保险资金配置管理提供了新思路和切实有效操作路径。

参考文献

[1] 鲍奕奕，刘海龙．基于风险预算的资产配置［J］. 上海管理科学，2007（1）：7－9

[2] 王海，韩伯棠．风险预算与资产配置在投资组合管理中的应用［J］. 价值工程，2011（7）：114－115

[3] 鲍兵．风险平价配置和其他资产配置方法的比较研究［D］. 上海：复旦大学，2014

[4] 崔斌．保险资金战术性资产配置策略［J］. 保险研究，2006（3）：68－72.

[5] 张骅月．分数布朗运动及其在保险金融中的应用［D］. 南开大学，2007.

[6] 李心愉，付丽莎．基于 Black－Litterman 模型的保险资金动态资产配置模型研究［J］. 保险研究，2013（3）：24－38.

[7] 陈艺源．中国保险资金投资策略优化分析［D］. 山东：山东大学，2014.

[8] 颜伟明．基于 RAROC 的保险资金多期动态资产配置研究［D］. 厦门：厦门大学，2008.

[9] 倪振豪．监管新政下保险资产配置的实证研究［D］. 上海：复旦大学，2014.

[10] 瞿栋．基于风险预算理论的保险资产管理路径研究［D］. 北京：对外经济贸易大学，2015.

[11] 王灵芝．"偿二代"体系下保险资产配置策略及效率评估［J］. 保险研究，2016（10）：89－101.

[12] 国金证券．"A 股分红"专题报告：A 股分红，历史、特征和高分红个股挖掘．2017.

[13] 段国圣、李斯和高志强．保险资产负债匹配管理的比较、实践与创新［M］．北京：中国社会科学出版社，2012.

[14] 陈文辉．险资运用风险何来［J］．财新周刊，2016（34）.

[15] Bruder B，Roncalli T. Managing Risk Exposures Using the Risk Budgeting Approach [R]. University Library of Munich，Germany，2012.

[16] Zakamulin V. A Test of Covariance – matrix Forecasting Methods [J]. Journal of Portfolio Management，2015，41（3）：12 – 97.

[17] Shams S，Haghighi F K. A Copula – GARCH Model of Conditional Dependencies：Estimating Tehran Market Stock Exchange Value – at – Risk [J]. Journal of Statistical and Econometric Methods，2013，2（2）：1 – 5.

[18] Roncalli T. Introducing Expected Returns into Risk Parity Portfolios：A New Framework for Tactical and Strategic Asset Allocation [R]. University Library of Munich，Germany，2013.

[19] D. Chaves，J. Hsu，F. Li，O. Shakernia. Risk Parity Portfolios vs. Other Asset Allocation Heuristic Portfolios [J]. Social Science Electronic Publishing，2010.

[20] S. Maillard，T. Roncalli，J. Teiletche. On the Properties of Equally – Weighted Risk Contributions Portfolios [J]. Social Science Electronic Publishing，2010，36（4）：60 – 70.

[21] R. Clarke，H. Silva，S. Thorley. Minimum Variance，Maximum Diversification，and Risk Parity：An Analytic Perspective [J]. Journal of Portfolio Management，2012.

[22] B. Schachter，S. R. Thiagarajan. Risk Parity – Rewards，Risks，and Research Opportunities [J]. Journal of Investing，2011，20（1）：79 – 89.

[23] Thierry Roncalli. Introduction to Risk Parity and Budgeting [M]. Florida：CRC Press，2014.

[24] V. Bhansali，J. Davis，G. Rennison，J. Hsu，F. Li. The Risk in Risk Parity：A Factor Based Analysis of Asset Based Parity [J]. Social Science Electronic Publishing，2012.

[25] Andrea Consiglio，David Saunders，Stavros A. Zenios. Asset and Liability Management for Insurance Products with Minimum Guarantees：the UK Case [J].

Journal of Banking & Finance, 2006 (30): 645 - 667.

[26] Hong - Chih Huang, Yung - Tsung Lee. Optimal Asset Allocation for a General Portfolio of Life Insurance Policies [J]. Insurance: Mathematics and Economics, 2010 (46): 271 - 280.

[27] Mei Choi Chiu, Hoi Ying Wong. Mean - variance Asset - liability management: Cointegrated Assets and Insurance Liability [J]. European Journal of Operational Research, 2012 (223): 785 - 793.

[28] Black F. and Litterman R. Global Portfolio Optimization [J]. Financial Analysts Journal. 1992 (9).

[29] Choueifaty Y., Coignard Y. Toward Maximum Diversification [J], Journal of Portfolio Management. 2008 (35).

[30] Fama, E. F., French, K. R. Common Risk Factors in the Returns on Stocks and Bonds [J]. Journal of Financial Economics. 1993 (33).

[31] Bender, J., Briand, R., Melas, D., Subramanian, RA., Foundations of Factor Investing, Social Science Electronic Publishing, 2013.

[32] A New Framework for Multi - Asset Class Strategies, MSCI.

[33] Qian, E., Risk Parity Portfolios: Efficient Portfolios through True Diversification. Panagora Asset Management. http://www.panagora.com/. 2005.

[34] IASB, IFRS 9—Financial Instruments, 2010, http://www.iasplus.com/en/standards/ifrs9.

[35] IASB, Classification and Measurement: Limited Amendments to IFRS9 [proposed amendments to IFRS 9 (2010)], 2012.

[36] Leibowitz, M. L., and Weinberger, A., Contingent Immunization - Part I: Risk Control Procedures [J]. Financial Analysts Journal, 1982, 38 (6), 17 - 31.

[37] Ryan, R. J., The Evolution of Asset/Liability Management [J]. Research Foundation Literature Reviews, 2013, 8 (2), p1 - 25.

[38] Fabozzi, F. and Ryan R., Reforming Pension Reform [J], Institutional Investor, 2005, 84 - 88.

[39] Adler, D., The New Way to Crunch Your Numbers [N], Barron's,

2009, 6, 32 -35.

[40] Martellini, L. , and Milhau, V. , From Deterministic to Stochastic Life - Cycle Investing: Implications for the Design of Improved Forms of Target Date Funds. EDHEC - Risk Institute Working Paper, 2010.

[41] Cox, J. C. , and Huang, C. F. , Optimal Consumption and Portfolio Policies When Asset Prices Follow a Diffusion Process [J]. Journal of Economic Theory, 1989, 49 (1), 33 -83.

[42] Badaoui, S. , Deguest, R. , Martellini, L. and Milhau, V. , Dynamic Liability - Driven Investing Strategies: The Emergence of a New Investment Paradigm for Pension Funds. EDHEC - Risk Institute Working Paper, 2014.

后　记

IAMAC 年度课题是由中国保险资产管理业协会（以下简称“协会”）于2015年创办的行业研究活动，现已成为保险资管行业规模最大、研究领域最广、参与人数最多、成果最为丰富的重要研究品牌。为了更好展现和分享行业最新研究成果，协会精挑业界广泛参与、监管重点关注的五大主题，在2017IAMAC年度课题成果基础上梳理整合，形成系列成果专著，本书正是系列成果专著之一。

保险资金运用面临着如何将复杂的保险产品所形成的长期负债保险资金配置于各类资产中，以满足资产负债管理目标和多样化风险偏好，获取长期稳定的收益。在这一过程中，大类资产配置能力和技术是关键，也是独特的专业领域，与银行、基金、券商等金融机构有着显著差异，需要全行业开展持续深入研究。本书重点探讨风险平价模型在保险资金大类资产配置中的应用价值，希望本书的研究成果能为推动我国保险资金优化资产配置、实现行业持续稳健发展提供有益借鉴。

协会与中国平安人寿保险股份有限公司共同参与本书的出版工作。同时，还成立了出版工作小组，参与出版过程重要节点工作的征求意见、审核把关等。工作小组选派专业的研究人员参与书稿的整合编写、修订以及出版前的审核校稿等工作，经过几个月紧张而有序的编写、修订与完善工作，直到最终定稿，本书顺利面世。

本书在编写和出版过程中得到了协会相关领导和中国银保监会资金部的直接指导和大力支持。本书的内容主要来源于协会

“2017IAMAC 年度课题”的部分成果，相关课题承担单位分别为（按单位名称拼音排序）：平安养老保险股份有限公司、生命保险资产管理有限公司、泰康资产管理有限责任公司、同济大学经济与管理学院、中国平安人寿保险股份有限公司，本书的编写工作也得到了上述单位的积极配合和大力支持。同时，本书在编写过程中参阅了大量国内外文献资料，借鉴了许多学者的学术观点，在此一并致以最诚挚的谢意！

由于编印时间紧迫，本书的编写工作难免有疏漏之处，我们殷切希望业内同仁及广大读者能够给予批评与指正。

中国保险资产管理业协会

2018 年 8 月